Hermes
the origin of messages and media

何もない空間が価値を生む
AI時代の哲学

我的99個抽屜

わたし
私

唐鳳的 AI 時代生存心法

唐　鳳 —— 口述　丘美珍 —— 執筆

作者的話

直到現在，我才知道唐鳳眼中的未來，原來是這樣

最近Open AI發表了chat GPT機器人，能夠寫新聞稿、寫合情合理的英文信，甚至能給UX設計師建議。這樣厲害的AI，雖然驚豔，但也掀起了白領專業工作者的恐慌，擔心自己未來會失業。這時候，我想到自己這三年密集採訪唐鳳，她說過的一些話。老實說，當時我以為我聽懂了。但是，如今回看她的那些思路，我才恍然大悟：原來她說的是這個意思。

之前看到知名作家野島剛寫過這樣一段註腳：「日本人看唐鳳，就像江戶幕府時代的人，在看明治時代的人！」意思是說，唐鳳是「來自未來」的人。她對科技的預見，未來

可以如何工作、如何學習，都有超前時代的思維。如今回溯她在本書中的諸多觀點，的確如此。

二〇二〇年開始，我有了第一次採訪唐鳳的機會，並且應日本《文藝春秋》邀請，寫了第一本唐鳳的書《Ａｕオードリー・タン天才ＩＴ相7つの顔》（與鄭仲嵐合著，中譯本《唐鳳：我所看待的自由與未來》）。上一本書出版之後，我收到很多讀者的回應。有不少讀者反應：「唐鳳是天才！她跟我們不一樣。她能做到的事，我們不一定能做到。」

因爲這樣，我跟《文藝春秋》的編輯安藤小姐開始思考：我們要如何才能跟唐鳳一樣豁達地生活，快速地學習，用她的視角來看待這個世界，並且把她「善用數位資源，解決問題」的能力，也應用在我們自己的工作上？

特別是對年輕人來說，未來的世界充滿未知的挑戰，會遇到更複雜難解的問題（就像Covid-19），會遇到ＡＩ可能取代工作的挑戰，如此一來，更需要演化出跨界的、知性的、協作的能力，這是怎樣的能力呢？這個問號，就是本書的起點。

我用這個提問去約訪唐鳳時，她非常樂意與我一同尋找答案，並且，慷慨地給我15小時的訪談時間。這本書就是這一系列訪談的成果。

衆所周知，唐鳳是個擅長撰寫軟體程式的專家，也許受到唐鳳的影響，我慢慢意識到，我們大腦運作的方式，跟電腦其實有異曲同工之處。

任何一臺電腦，沒有作業系統（operating system）就無法運作。以人來說，我們對這個世界中的人、事、物，如何詮釋，如何對應，就像是我們腦中的作業系統一樣。遇到壞事，有人樂觀，有人悲觀；遇到新事物，有人熱情擁抱，有人保守因應；有些人樂於改變，有些人堅守傳統。環繞著每個人的獨特生命，而慢慢形成的人生觀、價值觀、世界觀，正如每個人腦中的作業系統一般，深深影響著每天的日常。

在寫作本書的時候，我意識到唐鳳腦中的「作業系統」，有恆常不變的根基。那是源自她過往獨特的生命歷程，是她在早年閱讀東西方經典，成長於包容又有智慧的家庭教育中，慢慢累積而成的生命基石。這樣安定的力量，穩穩地支撐著她的生命。

但是，另一方面，成長於數位世界的她，也發展出「持續更新」的本能，就像任何軟體永遠有最新的版本等待下載。面對未知，她勇於修正自己的認知，持續學習，運用新的方式來破解問題。她常說，要養成「培養新習慣」的習慣，因爲習慣就像她生活中的app一般，幫助她活出更自在的人生。

與唐鳳訪談時，她永遠都溫和且耐心地回應我的問題，我從來不覺得她是高不可攀的政府要員，反而覺得，自己只是在跟一位有智慧的朋友聊天。因爲想讓讀者們體會這種「彷彿跟朋友在咖啡廳聊天」的感覺，我央請唐鳳手繪本書裡的小插畫，我跟她說：「想像一下，妳是在咖啡廳，用手邊的餐巾紙，隨興畫下妳的這些想法！」雖然是這般任性的請求，唐鳳還是在百忙之中完成了！真的非常感謝她。

這本書也記錄了唐鳳在數位政委期間，負責防疫相關工作的思考及行動。其中一些精采的細節，附在書末與東京大學學生對談的實錄中，歡迎讀者一探究竟。

在本書中文版成形的過程中，非常感謝責任編輯江灝。如果，這本書的讀者，在讀後覺得有收穫，這不是我一個人的功勞。就像唐鳳所說的：「基於善意的協作，往往能帶來最美妙的結果。」

丘美珍

二〇二三年春

目次

2 我的學習私抽屜

3 我的網路私抽屜

5 我的人生私抽屜

1 我的思考私抽屜

①同理心練習：先練習從家人的角度來看世界

我從小是在三代同堂的空間裡長大，我們家跟爺爺、奶奶、叔叔、姑姑住在同一棟公寓裡，常常一起吃晚飯。

因爲家裡的長輩很多，每個人都有不同的專業和興趣，不知不覺，讓我的視角變得比較多元。

我的兩個叔叔，一個是法官，一個是工程師。兩個姑姑，有一個是護理師，另一個是幼教老師，和阿嬤是幼兒園的同事。爺爺跟外公是軍人，外婆是中學老師。媽媽是法律系畢業，研究商事法，而爸爸是政治系的訓練，爸媽都從事新聞工作。

家裡的討論氣氛濃厚，因爲每個人的專長跟職業都不同，所以，同一件事，很容易就產生不同觀看的角度，不會被單一的視野侷限。記憶中，好像並沒有什麼事情在討論時，會提出標準答案。所以，看一件事情的角度，會變得很多元。

媽媽在學生時代參加辯論社的時候，剛好協助奧瑞岡辯論法（Oregon Style debate）比賽規則中文化翻譯的工作。奧瑞岡辯論法是由美國傳進臺灣的，是一種模擬法庭的辯論方式，雙邊的選手有點像是法庭的原告律師與被告律師，主席像是法官，評審像是陪審團。

每一個辯論的議題，都會有正反兩面的意見，不會有預設的結論。所以，在比賽中重視的是選手的舉證責任，著重事實與眞相。在練習時，因爲不知道會抽到正方或反方，所以，並不能先預設是正方對或反方對，必須從每個角度去幫正方或反方辯論，這其實是非常周延的、可以用來檢視政策利弊的辯論方式。

也許是因爲與家人相處的經驗，以及看到奧瑞岡辯論的結構，這些醞釀了我後來「選每一邊站」的思維。

② 只要關心，就有機會改變現狀

我在十歲時，有一段時間跟媽媽、弟弟住在新北市新店區的花園新城，那裡是當年相對較新開發的社區。那一段時間，因爲負責管理社區的建設公司財務出了問題，連鋪設自來水管線都不順利，所以，當地的居民就成立自治委員會，接手社區裡日常的管理工作。

因爲當地居民有很多都有文創背景，有不少作家、藝術家和老師，所以，後來這個社區發展出來的治理模式，很有創意。例如：有人提案要辦一個社區內的幼稚園，就眞的辦起來，讓社區裡的孩子可以去上學。社區裡還有自己的慶典，叫做「花蟲季」，甚至後來還發行了自己的貨幣「花幣」，在社區裡幫鄰居跑腿到郵局領信件，或是幫忙曬棉被、烤蘋果派、教電腦繪圖和教瑜珈，都可以依大家協議的價目表，交易花幣，在互助的前提下，交換大家的資源。

現在常有人提到的「社區營造」，把社區居民視爲一個生活共同體的感覺，我在小時候就曾經生活在其中。也是那樣的耳濡目染，讓我了解到一個道理：當我們對生活、對環境、對政治的現況有不滿意的地方，並不是每件事情都需要由政府出面來做，而是每一個關心的人，就可以從自己開始，做一點改變。

我後來才知道，原來這樣自發的動力，被叫做「社會部門」（social sector），這是介於政府與企業之間的第三部門。在許多創新的議題上，在政府和企業還沒有開始應變之前，社會部門就可以開始先有行動，開始討論這些議題，並且啓動社會創新的第一步。

③ 一個人在被社會肯定的過程，也有各種的進路

從幼稚園到小學畢業這九年，我總共讀了九間學校，可以說是每年都在轉學。我常開玩笑說，這樣就不用寫暑假作業了。

我們家搬到花園新城的時候，我轉學就讀的是新店山區裡的直潭國小，那是一個有山有水，很親近大自然的學校。

在那之前，我念過的學校都很強調課業的表現。當時我的長輩或爸媽的同事們，都會覺得，當個好學生就會有出路，如果每一次考試都可以考九十幾分或是一百分，可以一路順利升學，或者是出國深造，或者在國內拿博士，這樣就可以在大學當教授，這是很安穩的人生。

但是，這樣只在學業上競爭的結果，結果是只有5%～10%的小孩，會覺得自己是贏家。其他的小孩在整個過程裡面都有挫折，他就會覺得自己是輸家。

在直潭國小時，學校有射箭隊，射箭隊裡有很多泰雅族的小孩。我看到他們跟大自然相處得很好，也跟自己的身體相處得很好。他們出去比賽時實力很強，因此，這些跟我年紀差不多的孩子，有很強的自我認同，整個人自在而且有尊嚴。

這讓我發現，原來，功課很好或知識能力很強，不是人生裡唯一的一條路。一個人在被社會肯定的過程，有各式各樣的進路。

以現在來看，例如，電競很厲害的那些電競選手，腦袋一定要非常好，因爲要同時能夠掌握很多地方的資源，做調度、調配，有點像是以前帶兵打仗的那種能力。這種能力跟背書考一百分當然不一樣，但是，這當然是值得鼓勵的能力！

所以，不管是哪一門技藝，只要練到好，都是值得尊重的。

④ 身心障礙，隨時可能發生在每個人身上

從直潭國小念完之後，我跟媽媽弟弟到德國去跟讀博士班的爸爸團聚。

在臺灣，雖然我的身體不好，但語文能力還不錯，我從來沒有體會過聽不懂、說不出話的感覺。但是到德國時，我完全不會講德文，更不會讀，我第一次體會到變成文盲的感覺。

當時因爲我就讀的小學是在德法邊界，所以，我的德國同學不但學德文，還學法文。在德國的課堂上，雖然我的數學已經學到微積分，課程內容我都懂了，所以可以免修。但是，要用到語文的科目，像地理、歷史、德文、法文，我都不行。然後因爲我身體不好，也不太能運動，所以我在這幾個項目上面，排名都是排在中後段的。

但是，我的學校很照顧我這個沒有語言能力的人，用了種種的方式來幫助我。去德國以前，我覺得「身心障礙」是一群特定的人，我雖然有心臟病，但是還不到認定「身心障

礙」的標準。去了德國之後，我的認知就被顛覆了，那時候我突然意識到，我變成一個有「認知障礙」的人。

後來我體會到，「身心障礙」也可能是一種暫時的狀態。每一個人在每一秒，都可能經驗到不同的障礙。一個在滑手機的人，專心於小螢幕的時候，可能就不會注意外界的動靜，暫時成爲一個接收不到外界動靜的人。

也就是說，「身心障礙」隨時可能出現在不同年齡、不同情境的人身上。在察覺到這件事的當下，我過去的認知完全遭到顛覆。當我深刻地體會到這點之後，我在工作上就會特別注意到，要用各種方法去遞送我所想要傳遞的服務。我覺得應該是「由服務來配合一個人」，而不是人要配合服務，這就是所謂的「涵融」（inclusion）。

涵融不只是特定的照顧一群人，而是讓許多服務隨時保有涵融的價值。

回溯起來，是因爲我去德國被照顧的經驗，讓我看到了「包容不同狀態的人」的做法，後來我就這樣學到了「涵融」這個態度，因爲自己曾經被涵融過。

5 一個人的價值，不在他積累了多少資產，而是他分享了多少資源

我小學六年級從德國回來後，不久，就開始協助母親創辦一個自主學習的學校「種籽學苑」。

當初在辦這個學校時，是借用烏來山區信賢國小的校舍。這個學校所在的地方，是原住民的泰雅族部落，所以，這是一個泰雅族孩子很多的學校。

擔任小學主任的林義賢老師，本身就是部落的頭目。所以，在那裡，林義賢老師不論是教野外求生，或是教泰雅族語，都很自然，因爲他們本來就是在那樣的環境裡成長。

入境隨俗，我在那裡常常聽林義賢老師聊到泰雅族的事，也因此學習到族人的價值觀和世界觀。

第一件讓我印象深刻的是，對於文字，他們並不執著。在傳承文化時，他們在意的

是，一個知識在傳遞時，有沒有在最恰當的社會脈絡、自然脈絡下被保留下來。他們想要傳遞完整的體驗，是眼耳鼻舌身的體驗的結合，而不是只仰賴文字。

這對我來說是一個全新的領悟。因爲我成長於一個漢字文化圈，整個教育系統非常執著於用文字來表達文化，最後演變成好像沒有變成文字的事物，就不存在，就不值得花力氣去學習。但泰雅族並不是如此。他們透過口耳相傳的經驗，一樣非常珍貴，也有很多實作的體驗。

另外有一件讓我印象深刻的事，是在部落中，一個人的地位，不是看他擁有多少資產，而是他照顧了多少人、多少動物。

也就是說，一個人的積累和社會位置，不是決定於他擁有多少財富，而是他給出什麼、分享什麼、爲社群創造什麼、有能力照顧多少人、養得活多少生命。有資源的人，不是囤積在自己身上，而是分享出去，這樣他在部落裡的聲望就會提高。

從此，我深深記得，一個人的價值不在於他私藏的財富，而在於他沒有藏私地把資源分享給別人。

⑥常規不只有一種

我在國二時，感覺在學校已經學不到我想學的東西，於是跟媽媽商量，讓我一個人去烏來山裡的小木屋獨處一陣子，思考如何面對未來。

那時候，我觀察到這個世界的常規（norm）不只有一種。就像泰雅族人他們在部落內的常規，跟漢族是不同的。網路世界的常規，也跟現實世界非常不同。在網路世界的常規中，本來就有一些不是知識性，而是操作性的，比如在溝通時找尋「粗略的共識」，而不是費力去找尋「完全的共識」。大家都這樣做，並不是因爲有律法，而是因爲整個網際網路成型的過程中，是由這樣一群氣質或態度的人，一起打造出來的。

和當時讓我感到痛苦的現實生活的規範比起來，網路世界的規範給我一種相對自由的感覺。

既然如此，在小木屋時，我意識到一件事，我跟現實世界的衝突，可能不是我的問題，也不是這個世界的問題。就像在網際網路上，有新的常規正在發生，說不定在現實世界的常規，也有機會改變。當然，也許不是劇烈的改變，而是一次改一點點。

而我自己也是可以改變的，也是一次改一點點。Change one bit at a time，一次改一位元（笑）。

如果是這樣，我能夠有的做法，就不一定是脫離學校，或跟學校制度妥協，不是只有二元對立的選擇，而是我可以一方面找到自己擺脫這個制度的方法，二方面也做出一個示範，讓其他人看到，有哪些可以改變或改善既有制度的方法。這不是抗爭，而是一個示範。剛好我帶去小木屋看的書《微軟陰謀》，也是在試著調和這兩者的差異。

在小木屋那幾天，整個環境、我帶去的書、我的思考，引導我有了這樣的結論。我其實不知道在那裡究竟過了幾天，因爲沒有帶鐘錶，也沒有看太陽的角度，我沒有時間感，想睡就睡，想醒就醒。但是有一天颱風來了，媽媽來找我說：「該回家了！」我回家之後，就跟大家宣布：「我不想繼續升學了。」

⑦ 我想度過一個「不需要身分認同」的人生

在14歲決定從學校休學前，我曾經獨自去山裡面的小木屋閉關。閉關時，我主要在想的是，面對當時我所處的三種社會環境，我要如何調和衝突。哪三種環境呢？第一個是線上的環境，第二個是平常自己所在的現實的環境，第三個是我自己感興趣的環境。

當時，我心裡的疑問是：我是不是一定要擁有某種社會的身分（identity），才能繼續走下去？

這個社會上的衆人，因爲想要擁有一個身分認同，一種在社會上可以被辨識出來的社會身分，大家會要完成一個學業文憑，去找到一個工作的職位。因爲，只要這樣之後，我不用特別說明，社會就知道怎麼跟我相處。

那麼，如果我完全沒有這種讓別人可以產生社會認同的身分，會怎樣？這是我當時自問的問題。

我後來的答案是，我想用「共同經驗」來取代「社會認同」。意思就是，與其說我是某個研究所的研究生，不如說我有跟某某老師研究的經驗。就像我現在不會說，我是男生或女生；而是會說，我什麼時候經歷了什麼樣的青春期的經驗。

爲什麼我捨棄「認同」？因爲，認同就是「排除」。就是說，當我認同的是這個東西時，我同時也排除認同別的東西。當有人認同自己是在這個學校取得某某學位時，他同時也是在說，他「不是」在其他大學拿到的。所以，當有框定時，當然框定的範圍會比較小，所以，他同時在說的是，他不是框外的。

但是，現在我如果不是用框定，而是用感受，我去分享「我曾經在這個時候有這種感受」。人們本來就是會在不同的時候，有不同甚至截然相反的體驗，所以，這就沒有排除性。只要我在過去的某個時候，跟你在過去的另一個時候，曾經有過類似的體驗，這樣就夠了。我覺得，這就不是基於身分認同而產生的交流。

8 如果是專注在共同的經驗上，任何兩個人都有可以溝通的地方

曾經有人問我，你是怎樣的人呢？通常，我只會回答說，我有這樣的經驗，有那樣的經驗，但我不會說，我是一個這樣的人，不是那樣的人。

因為，如果是專注在共同的經驗上，任何兩個人都有可以溝通的地方。但如果專注在我是一個怎樣的人，而你不是；你是一個怎樣的人，而我不是，那麼溝通就會變得很困難。

例如，如果有人問到：「你喜歡吃什麼？」我的答案就是：「脂質、蛋白質、碳水化合物。」因為，只要這樣用營養成分來回答，我們就會有共通點，我就吃得跟你一樣，而不會因為喜歡吃的東西不一樣，覺得我們沒有相似的地方。

問食物的喜好，很容易塑造出人跟人的區別，因為每個人對於食物的喜好通常不同，

很難有兩個人一樣。但我希望自己的工作、生活都是盡量建立在共感上，食物這種很難有共感的事，要如何建立共感？那就是建立在它的營養價值上面。畢竟，食物最後就是要塡飽肚子。

所以，如果有人問我：「你是怎樣的人？」我就會說：「現代智人」，因爲對方肯定也是，我們就有了共通點。但如果我用別的方式來介紹自己，說不定就跟對方不一樣了。所以，在溝通時，我總是想把我與對方的共同經驗，盡量最大化。

另外，所謂的「天才」，我的理解是「與生俱來的才能」，每個人都有，也許各自不同。但有些比較共通的，我們就可以分享，不共通的就可以互補。任何感覺上會排除他人的概念，如果捨棄認同，訴諸共同經驗之後，會突然變成一個有利於溝通，而不是有害於溝通的東西。

9 恐懼與焦慮也可以成為心靈的客人

現在回顧起來，我人生中最勇敢的決定，不是跨性別，而是當年讀到國中後，決定要離開學校，不再升學。因為，這兩件事情，受到家人支持的程度不一樣。20幾歲決定跨性別時，我的家人都支持。但離開國中時，連家人都不一定支持。所以，無論這件事有沒有定案，恐懼和焦慮的感覺是一直都在的。

這並不是我第一次跟恐懼和焦慮相處。更早的時候，大概我四、五歲的時候，我被檢查出來有心臟病，是先天性心室中隔缺損（Ventricular Septal Defect，VSD）。醫生就跟媽媽說，這孩子有心臟病，但現在年紀太小不能動手術，所以，有可能，不一定能活到動手術的時候。醫生說這些話的時候，我也在場。

後來進入小學，有時，上一秒鐘還好好的，但因為跑步跑得快了一點，一下子突然昏倒。再醒來，已經是在醫院急診室或學校醫護室。我有好幾次這種記憶突然中斷、又清醒的經驗。其實非常嚇人。

這種情況，一直持續到我12歲做了心臟手術之後，才算解除危機。但在那之前，在我人生的前12年，我每天都不知道隔天能不能醒過來。所以，我大概沒有哪一天覺得，我明天就可以看得到太陽。從我有記憶開始，我的生命就處於長期不確定的狀態。

就算後來心臟動了手術，我想那種朝不保夕的感覺，也還是存在的。所以，我長期都在學習跟不確定的感覺相處。

從那個時候，我意識到自己要學習跟這些感覺相處，要在心裡留一個空間，把它們當客人，跟它們相處久一點。

人總是有求生意志，小時候的我，也曾經希望心臟可以好起來，手術可以成功，但那時候連這個都不確定。「因爲有心臟病可能會死」，這聽起來雖然很恐怖，但跟這種狀況相處久了，也就不恐怖了。

小的時候，我並沒有找到什麼讓自己安心的方法，所以就一直在這種不確定之中，跟不安的感覺相處。但長大之後，我找到了讓自己安心的方法，就是：「我當天學到什麼，就發表出去。」我只要睡前發表出去，就會安定下來，覺得人生沒有遺憾。這成爲我持續到現在的習慣。

⑩ 在網路上，我可以自由及平等地與人相處

在我12歲時，因為心室中膈缺損動了一個大手術。在動完手術的那一年，我其實是在復健，不太能夠做什麼事情。也是那一年，我用撥接的方式連到網際網路，那時全球資訊網和瀏覽器這些東西都還沒有被發明出來，所以能上網的人，能做的事情就是上BBS，就是一些文字模式，像臺灣的PTT這樣的東西。

有一些文字模式的空間，叫做「MUD」（Multi-User Dungeon，多人網路地下城遊戲），大家在一個虛擬空間裡面，可以穿不同的衣服，嘗試各種不同的身分表現。

很妙的是，這些朋友們其實都沒有性別可言，因為我們在線上都只能用打字溝通，所以，一個人說他是什麼性別，就是什麼性別。

所以，我們就可以試著用各種不同方式來表現自己。這個時候我就發現，其實不一定只有男生、女生、大人、小孩、贏家（winner）、輸家（loser），這些社會的角色，你

喜歡的話，也可以用各種各樣不同的方式來進行人際溝通。也有人扮成精靈、矮人、半獸人，這些不同的種族，也都是很和睦地在這個線上的世界裡相處。所以，不論是什麼性別、年齡、物種，別人也都會尊重你。

所以在這樣子的過程裡，我就慢慢發現，其實一個人他要表現出怎麼樣的氣質，只要旁邊的人接受、旁邊的人覺得安全，這樣子就可以了。我也發現，人跟人之間互相交流，越不受時間跟空間的限制，我就覺得越自在。

我一開始的時候，很誠實地在網路上說我只有小學六年級，但是有人說：「我不相信，感覺你很成熟。」所以，他們後來就是把我當作喜歡裝小孩的一個大人吧！有一段時間是這樣（笑）。

那時我就發現，我要表現成什麼樣子，完全是我自己決定的。我如果表現得很幼稚，別人當然就會把我當小孩，我如果表現得很成熟，別人就會把我當大人。

⑪人生中充滿自我驗證的預言

在家人彼此的互動之中，父母親越早把青少年當成大人，他就會越快成熟，這是「比馬龍效應」（pygmalion effect，意指人被賦予更高的期望後，會表現得更好）。對小孩來說，這也可以說是一種自我驗證的預言，就是：「當我被當成大人時，我也會用大人的角度來思考。」

我11歲從德國回到臺灣，因爲父母親看到德國的父母對小孩像大人一樣，是跟臺灣不同的模式。所以，到了我13歲時，母親就說：「你已經是大人了，要爲自己的決定負責。」從那之後，我跟家人彼此對待的方式，就像大人。

所以，決定國中不要繼續升學時，是我自己先去找校長談的，而不是透過父母親。這就像是成年人的處理方式。例如，如果是大人在職場碰到什麼問題，不會是由爸媽去溝通，一定是自己去談。

我去找校長時，家人也還沒有支持我。家人可能可以理解我的動機，但不一定是可以促成這個改變的關鍵人物。不論家人是否同意，我決定把自己的想法，很清晰地向校長描述出來。

去找校長之前，我的確做過很詳細的準備，猜測校長可能會用什麼方式拒絕我。她如果說這樣或那樣，我要怎麼回應。我先做了沙盤推演，比如可以幾天在學校，幾天在家裡；或是人來學校，自己去電腦教室之類的。但最後都沒有用到，因爲我講完第一個要休學的理由，就是：「我在家透過網路，也可以跟國外的大學教授一起做研究」，並且給她看了我之前跟美國大學教授通信的email，她就同意了，她說：「好，教育局那邊我幫你處理，你不用再來學校，你去做研究吧。」最後校長反而站在我這邊，去幫忙說服我的家人。

如果家人之間能以大人的方式互動，就會像朋友一樣。我們跟朋友的想法不同時，會有界線，不顧不問。在他還沒拿定主意時，我們當然可以盡量提供意見。但是當他拿定主意之後，通常我們不太多說什麼。因爲，在大人的世界裡，每個人都要爲自己的決定負責。對一個即將成年的青少年來說，家人把他當成年人來對待，對他的成熟是很有幫助的。

⑫ 批判性的思維並不是否定他人

我小時候應該不是一個太好帶的小孩（笑）。我的父親曾經教導我：「不要相信權威。」也是因爲這樣的關係，當時父母對我提出什麼規定，我都會用他們教給我的東西去做驗證，了解適用的範圍。

我認爲很少有眞的放諸四海皆準的東西，不管長輩告訴我要怎麼做，我都會問他前提條件是什麼？後來我學到，只有少數的東西定義是普世的，所謂的社會常規，換到地球的另一面，有些就不適用了。

所以我質疑的，並不是長輩說錯了，而是他們說的事情，可能到某一年就不適用了。

所謂的「批判思考」是提出支持性的質問：假設這是對的，它在什麼條件下才是對的？

⑬所謂的競爭，可以決定要如何參與

面對「競爭」這件事，我後來也有了自己的看法。

我們所競爭的東西，有些是眞的具有稀缺性。例如，爲了生存而一定要有的水資源，不論在哪裡，沒有水就不能活。

但是，在我們社會上絕大部分的競爭是虛幻的。例如，班上第一名或全校的第一名。這不是眞正的稀缺資源，而是人造的稀缺。並沒有誰規定，這些獎項不能頒給每一個人。所以當我發現這是人造的規則時，這些獎項隨時可以變得更少或更多，那麼，要不要爲了這個參與競爭，完全可以由自己決定。

因爲這樣，我自己從國中後就沒有參與任何這種人造的競爭，而是選擇了另一種共同創作的群體。

⑭ 策畫一次有主題的壯遊

二〇〇三年，我24歲的時候，剛好看到傳奇數學家艾狄胥（Paul Erdős）的故事。他是全世界發表最多論文的數學家，這輩子總共發表了超過一千五百篇。爲什麼他可以寫這麼多篇？因爲他居無定所，手上總是提著簡單的行李，環遊世界，到各地找人研究數學題目，合寫論文。

那時候看到這本書，發現說：「啊！原來可以這樣。」隔不到一、兩個月，我就去做了。就像艾迪胥把研究數學變成一種社交活動，我也把研究程式變成一次環遊世界的壯遊。

那時候我在前兩年的工作賺了一點錢，正在休息，研究Perl6。所以，從二〇〇三年2月開始，我花了2年，走訪了20個城市，到認識的網友家裡當沙發衝浪客（couch surfing，旅行到外地時，借住當地人家裡的旅人）。

通常環遊世界要做詳細的規劃，但我沒有。我旅行的下一站，通常就是看現在這一站接待我的人，他覺得我下一站應該要去哪裡。他推薦了，我再想辦法去聯絡。我沒聯絡好之前，就住在他那裡。後來我就一直買一些單程機票，去一些我本來沒有想到要去的地方，這樣邊上路邊規劃。

經過這樣的旅行後，我發現一件有趣的事。原來，在網路上認識，但沒有見過面的好朋友，眞正見了面，一樣會是好朋友。也就是說，人的個性是有一致性的，不會差太多。

我就這樣，在各國網友的沙發上睡了兩年，是名符其實的沙發客。但我也不是什麼事都沒做，除了一起設計新的

★像數學家Paul Erdős那樣去旅行

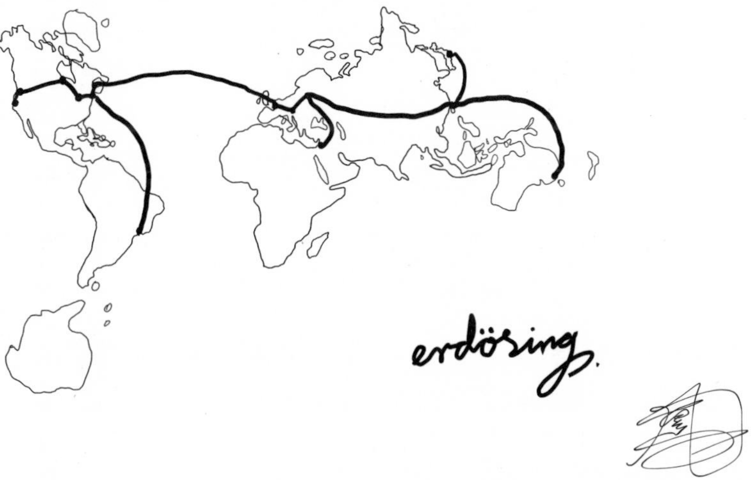

語言，我也會協助他們自己手上在做的案子。所以我還是有提供給他們價値的。（笑）

對我來說，這件事徹底改變了我對陌生人的觀點。在網際網路時代，陌生人因爲興趣、供需而彼此協作，是很重要的一件事，而我比較幸運的是，我在17年前就體會到了。

⑮ 面對外國人，英文夠用就好

決定要出國去旅行的時候，我內心也很不安。最大的原因是，我覺得自己那時的英文並沒有那麼好，也沒有像現在這麼方便的工具可以即時翻譯。那時候，只能靠字典軟體，聽到對方講到自己不懂的字，就先記下來再慢慢查。

但即使是這樣，我發現語言隔閡並沒有想像中的這麼大。對大部分志同道合的人來說，他們願意聽你說兩、三次，慢慢讓你把想說的話說完。

另一方面，我也發現，除了那些母語本來就是英語爲主的國家以外，其他人講英文也有腔調，也不是那麼容易聽懂。如果別人不懂，就多講幾次，加上比手劃腳就好了。

所以，只要可以做到基本的對話，丟到國際化的狀態裡，一個月就可以達到溝通無礙了。原來內心裡那些對語言程度的恐懼或不確定性，反而因爲我願意勇敢的到處跑，忽然就沒有這樣的問題了。英文這件事，如果你的目的只是交流，夠用就好了。

所以，那個時候我去到全世界，從來沒有因爲自己的英文程度不好，而碰到什麼無法應付的狀況。如果眞的要說有什麼可以檢討的事，那就是：「我應該早一點開始這樣的旅行。」

⑯ 我想做的事，沒有朋友就無法完成

我從青少年之後，跟社群的朋友（例如Perl社群）在一起的時間，常常是在共同創作，互相補全。除非在某些題目上，很瑣碎或很小，我一個人就可以處理。大部分我所關心的事情，沒有朋友是不可能完成的。

我曾經提過一個「樂趣最優」的主張，說的就是在社群中共同創作的樂趣。以前著作權好像就是以一個人爲作者，其他人都是幫他打工的。但共創（co-creation）的場域就不是如此，每個人就算他只改了一個字，也有貢獻。所以，這個影響了我對於工作的觀念，就是：其他人不是爲我工作，我也不是爲誰工作，而是大家都是一起工作，都是朋友。

我受到朋友的幫助太多了。例如，我在加入內閣，即將擔任數位政委時，因爲這是一個新創的職務，沒有人知道數位政委要做什麼、能做什麼。所以，在公民黑客（civic hacker，關心公民政治議題的自由軟體工作者）團體g0v的朋友，就一起開了共筆，叫做

「從g0v到gov：對數位政委唐鳳的挑戰和期待」。

g0v的朋友眞的很用心，把我可能碰到的各式各樣的問題、挑戰，都預先幫我想好。

最妙的是，這些共筆是完全公開的，不是祕密，媒體都看得到。這個共筆對當時的我幫助很大。共筆中充分的討論，給了我足夠的心理準備，去面對數位政委這個工作。

所以，我常說，數位政委，就是有好幾位政委，每個人設身處地想：「如果我擔任這個職位，該怎麼做。」

可以說，我從青少年加入黑客圈，一直受到黑客朋友的幫助。像口罩實名制、簡訊實聯制，都有他們的想法。直到現在，我在行政院開院會的時候，有空檔時，也會一面跟g0v的朋友共筆，討論各種政策執行的議題。

在我心目中，一起共筆的朋友，是眞正的朋友。

2

我的學習私抽屜

17 學習，是在休息的時候發生的

我發現，我的學習可能都是在無意識的情況發生的，不論是在夜晚的做夢中，或是在白天的遐想（reverie），大概這才是學習發生的地方。

如果沒睡好，前一天所學的就會記不起來。關於學習的素材，不論是白天傾聽到的內容，或是讀到的書，對我來說，我只是去蒐集素材而已。如果不是透過睡眠或遐想，學習就沒有發生。

白天的好奇心帶領我去了解情況，但是我不會當下去判斷這是適合學的或不適合學的。就好像蒐集材料一樣，我先全部都蒐集起來，有足夠的時間休息，睡一覺之後，明天一醒來，就會覺得這已經變成我思考的一部分。

我是什麼時候發現，睡眠是真的對學習有效果呢？

大概就是小學三年級，八歲的時候。那時候，我有一陣子休學，結果發現，原來，不用上學，不用管遲到的事，我可以睡到飽，學習的效果就不一樣。也就是說，跟「上學的我」比較起來，「不上學的我」在前一天不管看過什麼或想過什麼，這個思路隔天可以繼續走。但是，如果沒有睡飽，這個思路就會中斷或是走回頭路。

我有找過科學文獻來驗證這件事嗎？並沒有。因爲睡眠是我親身驗證過很久的事，是很確定的「感受」，如果是「感受」，我比較不會找文獻來驗證。但是，未來如果找到文獻可以做一些實驗，我會去做。

因爲睡覺是很個人的事情，晚睡晚起也沒關係。我自己之前是這樣，我的朋友也是。因爲不論是文字創作或程式寫作，都需要時間醞釀，有時不能被打斷。問題解決到一半，但腦子裡的狀態好像可以發展出什麼結果，靈感泉湧時，確實會覺得這時候去睡覺很可惜。所以，我們通常會覺得，工作到一個階段再去睡比較好。

每個人的學習風格都不一樣，運用注意力的方法也不同。有些人體質上就是適合晚一點睡或早一點睡，有些人是一天要分好幾段睡。我當然不會覺得別人的體質跟我的體質一定相同，所以，我也不太會受到其他權威人士說法的影響。我從小學三年級之後，大概都是以睡到自然醒爲原則。

⑱ 不是學外國語，而是學自己的第二語

我不會把語文當作目標來學習，學了語言，一定是因為之後想要去做什麼事。例如，英文對我來說，我是透過它來學習，而不只是學習它。

我學英文，是在國中的時候，一開始是為了要玩英文紙牌遊戲《魔法風雲會》（*Magic: the Gathering*），或是想要看懂英文遊戲的對話。對我來說，這是我的第二語，而不是外國語學門。

所以，如果當時你問我，你是不是在學英文？我覺得不是。我只是在學怎麼玩《魔法風雲會》。因為我已經離開學校，沒有英文考試要考，也不需要考高分，或通過什麼檢定。所以，我並沒有「非學英文不可」的壓力。

後來，我想要參與討論程式設計的社群，那時候因為這樣的社群都在網路上，社群裡的朋友都用英文溝通，所以，不論是要問問題，還是要看懂別人的回答，全部都要透過英

文。也就是說，在那裡的朋友，一定要經過英文才能碰觸到，所以，我就繼續練習。

之後，聽到喜歡的歌曲，例如Leonard Cohen的〈Anthem〉，或是Lin Manuel-Miranda的一系列〈Hamilton〉音樂劇的創作，因爲全都是英文，所以就越學越多。

嚴格來說，英文應該是我會說的第四種或第五種語言。因爲小時候家裡就說臺灣話，也說華語。去德國的時候，說了一年的德語，以及學了一點點法文，之後才接觸到英文。但我接觸到英文時，應該就把法語忘光了（笑）。

所以，這幾種語言，我都認爲是我自己的語言，我是把它們當作我想要學什麼或玩什麼，不得不經過的一條路，並不是哪一個國家的「外語」。

⑲ 文組和理組的界線，其實不存在

我一直都不覺得學門、學科，在我腦裡有任何意義。在我心目中，文組和理組的界線並不存在。可能因爲我沒有念到高中，沒有經歷過分組，所以沒有什麼個人經驗（笑）。就好像天上有很多星星，有人會爲星星命名，說不定還會用來算命。無論如何，會產生一些認知的架構，一些Taxonomy（分類）的方式。但這是人爲的分類，並不代表非得如此。

如果對於解決某個問題有興趣的話，學到什麼都會記住。對我來講，重要的是問題的解決，而不是哪個學派或是學門的說法。

例如在我14歲時，最著迷的一個問題是：爲什麼大家面對面時，要花很多時間才能建立信任，但是在線上時，例如在線上遊戲組隊時，只要幾個關鍵字對了，立刻就一拍即合，就好像最好的朋友一樣，可以彼此分享比較私人的事情，以及可以運用這種情感，一起去做大規模的創作。在學理上這叫做Swift Trust（快速信任）。

爲了了解在學理上要如何讓這件事（Swift Trust）更容易發生，比如怎樣的空間設計比較好？我可能就要學7～8種學門不同的知識。

因此，我不會特別去管這是哪一個學門的。就好像我有一個研究方向，就在那個方向旁邊有幾顆星星，我就會自己去組合成一個星座。

我常用的比喻是，星座就像學門，其實星星是實體，但星星連起來稱爲星座，這件事是虛幻的。但是因爲大家都會談12星座，所以慢慢地，這件事好像變成了實質。

★新的星座（new constellation）

但如果有一顆星星是你想要探索的方向，它旁邊的星星可以加起來，爲你所用，這就變成你自己的星座。

⑳心中有想解決的問題，在社群中學得更多

我在國中之後就離開學校，所以，回顧過去，我在社群中學習的時間，遠比在學校多。

爲什麼在社群中反而能學到更多？因爲我加入的社群（例如Perl的程式寫作社群），不是以學習爲核心，而是以「解決問題」爲核心。大家來參與這個社群，並不是因爲要取得學位，而是在面臨類似的問題時，大家一起想辦法來解決。

像這樣的社群，在學術上叫做「實踐社群」（Community of Practice，COP）。大家加入這個社群時，首先要做的事，就是確保彼此有共同的價值，可以說，這個社群的互動，是建立在「共好」的基礎之上。

在這樣的實踐社群，知識沒有疆界。碰到需要解決問題時，或需要共同協作時，可以調動科學的力量、技術的力量、工程的力量、數學的力量及藝術的力量。

在學校的時候，藝術跟科學是在不同的科系，但碰到眞的需要創作時（例如錄一段新媒體影片），你可能需要動員科學、技術、工程、藝術的所有能力。

也就是說，這一些學門，只有在學校接收知識的時候，才看得出來有學門間的差別。但當你開始爲了解決問題而創作的時候，一定是「書到用時隨便找」，一定是拿過來就解決手上的問題。

㉑每個學科之門打開後，後面是相通的

想學就學，不需要在意學科類別和既有的系統，這樣的學習，很輕易就跨過學門的限制。但所謂的跨學門，並不是先有學門再去跨，而是一開始就沒有學門。

以我12歲時的經驗，我學到一件事：我想要學什麼，差不多都可以找到這樣子線上的社群。

我第一次寫比較大型的程式時，就是由幾位臺灣清華大學和交通大學的研究生，在網路上教我寫的，所以等於是一對一像家教一樣的感覺。因為我也是幫他們的專案一起開發東西，大家彼此之間似乎都沒有要收錢的概念，但是他們就會教我很多東西，例如怎麼組織團隊寫程式，怎麼做品質測試，那是我一個人看書學不到的。這些都是在我12歲的時候，這些社群裡的朋友們教我的。

每個學門本來壁壘分明，但是它拿來運算的部分很容易共通。如果是初學者，可以先

加入學習的社群，例如生物學就會有計算生物學，經濟學有量化經濟學，每個學門大概都有量化或計算的次學門。如果你會生物計算學，裡面很多技巧拿來做自然語言處理也很好用。

不管從哪一條路進來，條條大路通羅馬。把大的議題拆成小的，可以找到和別的學門共通的主題，學習起來就更容易了。

㉒ 談教育，不如談學習

現在大家常常關注教育的議題，我的想法是，與其關注「教育」，不如多關注「學習」。也就是說，在關注教育時，關注學校教什麼，不如關注學生怎麼學。

「教育」的前提是，設想一個理想的狀態，有一群還沒達到這個理想狀態的人，我們透過環境的營造、教材教法等等，讓他慢慢進入適性揚才、成就每一個孩子最好的狀態。

但是如果出發點是關注孩子「怎麼學」，因爲這樣，老師在課堂上的角色也會不一樣。現在老師在台上講課，學生在下面用維基百科查資料後，跟老師確認，這是每天都會發生的事。以前因爲教室不能連網，所以老師腦子裡似乎就是標準答案集中的地方，但是，現在標準答案四散在全世界各個地方，所以，老師可能就變成是「比學生更早一點學習的另一個學習者」。

在課堂的經營上，老師如果越能把自己看成另一個學習者，跟現今小孩的互動就會越好。如果越把自己看成是標準答案的壟斷者，跟小孩的互動就會更疏離。

所以，唯一能讓學生還願意聽老師講話的方法，就是老師願意聽學生講話。也就是，老師尊重學生的學習動機，而且眞的可以促進他的學習。

這個時候，學生才會覺得願意跟這個老師一起學。但是，這個是促進學習，已經不是「教」他了。

我們平常說「我教你」的「教」，很像以教的人爲中心，但我覺得還是要專注在學習者身上。引發學生的學習動機，才是開始的第一步。

這個動機出現之後，不一定是由老師教，而是看看有哪些可以促進他學習的資源，例如有哪些組織、社群可以參與等。老師這樣對待學習者，就會形成一種身教，讓學生也以這樣的方式對待別人，說不定這樣，才能眞正達到教育的目標。

㉓學校是創造知識的地方

到學校學習的目的是什麼呢？

學校是一個學習的場所，但不是唯一的。我覺得對學習者來講，學校就是一群跟他一起學的人，老師也是一起學的人之一。我自己看待大學或者其他的機構，不是以最後拿到的學位或是學歷爲我的目標，而是找到這所學校裡面，不管是老師或是學生，哪一些人跟我關心的事情一樣，可以一起學。

正因爲我曾經換過九個學校，待過太多不同學校之後，我反而體認到一件重要的事，那就是「課本」在不同的老師手上，會展現出不同的意義。因此，如果只靠制式的課本和考試，便無法形成更厚實的知識。

對我來說，如果是單純地知識累積，這可能是來學校之前，在家裡就可以自己做的事。因爲每個人掌握知識的方式和速度都不一樣，所以，如果能用每個人習慣的方式來累積，不論是看書、聽線上課程，或是看漫畫都好，這樣當每個人來到學校時，都各自帶著自己的角度一起做專案，一起創造新的知識。我不敢說這是最好的，但這是我最習慣的。

老師與同學，大家是一起來學校創造知識，而不只是累積知識。以前知識是在老師那裡，現在，對於課堂中的學習，即使是大團體，都是專案式的學習，教室裡每一個參與者都像一小塊拼圖，一起創造出新的知識拼圖。

㉔ 螢幕腦世代的學習優勢

最近有人把慣用智慧型手機、電腦、智能家電等3C用品的年輕世代，稱爲螢幕腦（screen brain）世代。我想這個世代的確有一些特質，例如有人看到有些螢幕如果滑不動，就會覺得螢幕壞掉，或是看到紙上有藍色畫底線的文字，就會想按按看（笑）。

我認爲螢幕腦世代的學習模式，有幾個特色：第一是主動性變很強。他們可能不會很耐心地看完300頁的書，再去想我要怎麼跟這個作者對話。可能看到第三行，就開始找關鍵字。所以，螢幕腦世代的讀者，會長時間處於想要主動跟文本對話的狀態。這跟傳統的讀者不一樣。

第二點，在這個主動性裡，也蘊藏著社群的行爲。這個世代即使是寫筆記，可能也是po上twitter，所以，寫筆記就不只是個人行爲，而是社群行爲。螢幕腦世代把學習社群化，把學習的過程，變成大家可以繞著它討論的對象，把學習變成群體的共同創造。

螢幕腦世代對於知識的看法改變了，對老師來說，要不要把3C視爲教具的一部分，變成一個重要的決定。

很多人認爲，在課堂上使用3C，學生就會分心。但是，一個人要在課堂上分心，有太多方法了。以前沒有3C的年代，也有人不在意老師在說什麼，自己在課本上畫畫，這樣也是讓心思離開了課堂。

所以，不論什麼時代，如果不設計課堂的活動，很容易就會失去學生的注意力。這是3C的問題嗎？其實也不是。

所以，如果要在課堂上納入3C，我覺得重點是去思考，如何可以把3C轉變成讓學生更樂於參與課程社群的用法。

㉕ 創造一個有平等話語權的課堂

我在擔任講師的時候，不論是針對公務員，企業訓練，或是從小學生到大學生的課堂，我常運用一個可以匿名提問的軟體slido，讓大家聚焦在特定的問題上。

我常常在課堂開頭就說，如果你不在slido上提問，我沒有東西可以講喔。我講話的議題完全靠大家來設定。

我會爲每一次授課開一個特定的slido提問區，這個提問區可以設定成QR code，大家用手機掃描後，就可以直接進入提問的對話框，而且可以匿名提問。

如果自己不想提問，看到別人問的題目跟自己想問的一樣，就可以按讚。按讚數多的問題，就會排名在問題單的前面，這樣我就會優先回答。透過這樣的互動，即使害羞的學生也可以表達自己的意見，跟老師有一對一的問答。

這樣做，是爲了讓課堂中的話語權變得更對稱。因爲如果課堂上都是老師在演講，就像廣播，或是電視一樣，一個人在講，其他人只能聽。但課堂上其實有許多可以經營的方式，例如小組討論，可以變成每個人都有機會講，每個人都有機會畫白板，或是把想法寫在小紙條上。在這個情況下，所有人的產出跟老師輸入的部分，就會變得比較對稱。也就是老師表達了多少的訊息，從學生這裡表達的訊息也差不多。

透過slido，學生不一定要舉手才能表達意見，這樣不會造成太大的心理負擔。我用麥克風滔滔不絕的講課的時候，我提供的是語言的輸出。但在文字的部分，同學可以拿著手機提問，爲彼此的想法按讚，決定哪些問題要優先呈現，所以，同學對於提問的文字有設定權。

這樣的課堂，就是從學生「想學什麼」出發，而不是從老師「想教什麼」出發。

㉖經過自己驗證的，才會變成真正的知識

我不覺得知識是累積的，或是可以透過背誦取得，我覺得知識是面對一個新的狀況時，創造出來的。所以每個人的知識歷程，必定是從他自己的經驗出發。脫離自己創造經驗的知識，我不覺得那是知識，而是素材、材料，必須在我自己的脈絡裡面有過統整之後，才會變成知識。

「知識必須經過自己的創造歷程而產生」，這也是在企業內的知識管理最基本的假設，就是企業內的資訊，或機器跑出來的資料，如果沒有經過最基本的統整，就不會產生知識。

也有人認爲，要先在腦子裡建立一個知識的系統，才能開始學習。但我的經驗是：「先不要想系統。」因爲，系統都是事後構建的，必須要有足夠的材料才能建立系統。

對什麼主題發生興趣的時候，與其說要建立系統，不如先去找跟你有同樣興趣的人，

去了解他們現在關注什麼事。這樣，就可以從這些人認識更多的興趣，這些興趣又會帶你認識更多人。所以，系統是很後面的事了。

當然，前提是，雙方都要有網路才行。

現在每個學門都在快速的改造自己，本來由人處理的變成機器可以做。機器連在一起後，本來單人無法做的，變成多人可以一起完成。每個領域裡有哪些可以投注精神的議題，可以說是每天都在變化。

㉗ 關鍵字是求知的起點

對我來說，我所有的好奇心的起點，大概都是因爲腦子裡出現了一個關鍵字。因爲這個起點，去網路上搜尋，或去讀論文、讀書。我發現就回應現狀變化的速度來說，論文是更快回應現狀的，因爲一些最新的概念，可能還沒有寫成書。

如果問我腦中有哪些關鍵字，可以說每半小時都不一樣。要看當時處理的議題而定。

探索關鍵字時，我會用的方式有幾種。

最常用的就是搜尋引擎，有一般的查詢，也有比較學術型的，例如google scholar或arXiv。如果工作上需要處理什麼概念，我不會覺得一個關鍵字後面一定要接什麼，完全是看這個關鍵字找出來什麼，我就直接去看相關的內容。

之前，我剛好接到疫苗相關的任務，腦子裡就出現了「疫苗」這個關鍵字。

如果是要規劃疫苗接種證明，需要電子簽章，我就會先去看，例如，歐盟是如何處理，目前碰到什麼爭議，歐盟爲什麼會這樣訂？也許是WHO有給一個什麼規範。上面每一項後面都有相應的網頁或規範，也會有別的延伸資料，所以我會繼續追查它的參考資料（reference）。裡面如果有某個概念我看不懂，我就再去找資料，把那個概念看懂。

因爲對我來說，如果沒有追到底，我並不是眞正了解前面的大概念，怕有誤解。

有時爲了看懂，我也會去找電腦遊戲。例如，我就去玩了關於疫苗的遊戲像是《瘟疫治癒模式》（*Plague Inc.: Cure*）。這是由WHO（世界衛生組織）與原來開發《瘟疫公司》的遊戲公司合作開發出來的遊戲。我兩個遊戲都有玩，從遊戲模擬的角度來看，那些公衛名詞如NPI（Non-pharmaceutical interventions，非藥物介入措施）是什麼意思。後來知道，這就是公共衛生上，不用藥物的衛教方法，例如，讓大家多了解、戴口罩、勤洗手等等。所以，我在遊戲裡學到這些之後，會再繼續往下探索下一步的關鍵字。

㉘「閱讀」不是讀完一本書，而是理解我想知道的關鍵字

我在閱讀一本書的時候，除了小說之外，其他的書我很少一頁一頁的讀。我讀的大多是電子書，先以一頁0.2秒的速度快速讀完，搭配數位筆，記下關鍵字以及概念之間的連結，等未來需要用到的時候，再用全文檢索回到原處去讀細節。對我來說，這種「屏讀」（screen reading）最大的好處，就是可以全文檢索。

所以，對我來說，「閱讀」不是閱讀一本書，而是理解我所要理解的關鍵字。書是描述某些關鍵字的載體。

在我探索關鍵字的過程中，想看什麼就看什麼，想做什麼就做什麼，不限於書本的閱讀。搜尋引擎可以提供關鍵字的訊息，跟知情的人聊天也可以。這樣不斷把各方的訊息收集到之後，我會想：「目前我知道的這些，要怎麼跟別人講呢？」所以就必須想出把這些

訊息收斂，能夠以簡明的方式跟別人說明的說法。

在這樣不斷發散、收斂的過程裡，我就可以把吸收的訊息系統化。在這樣系統化的過程中，我會看更多書。看書的過程中，我就會繼續嘗試理解，然後再收斂。

知識的系統，是靠自己這樣的歷程建立出來的。所以並不是先照著別人所謂的系統去學習，而是根據自己探索關鍵字的歷程，去建立自己的系統。

29 由關鍵字連結成自己的知識地圖

以我14歲的時候有興趣的，大家在網路上出現的Swift Trust（快速信任）的現象來說，這不是網路獨有的現象。例如，在發生地震時，大家要趕快找避難的地方，就不得不快速信任，所以，這是社會學上本來就有的關鍵字。

但是在網路上，這個概念就變成是：爲了共同目的而聚在一起的一群人，不是因爲災難，而是基於「興趣」的快速信任。

嚴格來說，這個題目現在會被叫做「網路社會學」，網路社會學到底算文組還是理組？這個很難區分。社會學的部分，是人文的；但是互動設計的部分，應該算資訊科學。另外，大家形成社群之後，對社群的詮釋，怎麼樣回過頭來影響社群本身，這個又跟公共行政有關，甚至，也跟政治經濟學者奧斯壯（Elinor Ostrom）關於公有地（commons）的論述有關係。還有，讓大家在線上快速相信彼此的遊戲化（gamification）很重要，而遊戲化又跟行爲經濟學有關。

所以，要解釋網路上的「快速信任」現象，就很難單用一個學門來詮釋。雖然我還是會用到那個學門的名字，但我並不是從學門初階或進階，循序漸進的那種研究方式，而是，當有新的狀況發生了，我可能就會在不同學門間搜尋符合現況的解釋。於是，我就有可能用這個學門的初階，搭配另一個學門的初階或進階，來解釋新的現象。

對我來說，所謂的知識地圖，就很像網頁的關鍵字超連結。觸及到某一個概念、要解釋它時，如果需要別的概念，我就會組合不同的研究。

30 理解關鍵字的最後一步：實踐

「人名」當然也會是我搜尋的關鍵字之一。

我二〇〇八年起在Socialtext工作，跟同事在研究網路互動空間的各種訊號（signal）時，想知道有沒有辦法在網路溝通的空間中，讓參與者多運用到親社會（pro-social）的情感，而不是常常流於反社會（anti-social）的情緒中。

在我找尋理論框架的過程中，我看到MIT（麻省理工學院）的書評，發現了卡斯提爾（Manuel Castells）的書《溝通的力量》（*Communication Power*）。

這本書提到的是，網路媒體已經超越了傳統媒體（報紙電視等），大幅影響了人們的感覺、思考和行爲方式。作者並且在書裡以社會學和心理學的理論，解讀了全世界如何因此掀起了政治和社會運動的波瀾。

因此Manuel Castells這個人名，就變成我腦中的關鍵字。後來他在二〇一三年出版新作《憤怒與希望》時，這本書等於是前一本書的實作版，我當然就去讀了。

新書裡面進一步提到，突尼西亞的革命（二〇一〇年），以及「阿拉伯之春」（二〇一一年），在這些群衆運動中，網際網路的資通訊扮演的角色。

二〇一四年春天，臺灣的大學生爲了反對立法院在沒有徵詢充分民意的狀況下，就允許中國的服務業進入臺灣，因此在3月18日發生了占領立法院的「太陽花運動」。我看到新聞時想著：這就是實踐Manuel Castells理論的時刻。

所以，在3月21日那一天，我和公民黑客組織g0v的朋友，就揹著電纜線進入了被學生占領的立法院會場，幫忙拓展會場內的網路頻寬。

我當時想做的事，是想要提供資通訊的技術，在對立的兩方之中，以技術協助雙方盡量把資訊透明公開，以免因爲雙方誤判而造成流血傷亡，這樣才能進一步開展對話。所以，這是我看了Manuel Castells的書得到啓發後，以具體行動來實踐書中知識的行動。

這其實也是我求知的一貫態度，在別人提供的知識基礎上，我會加上自己實作的經驗，作爲驗證，加深理解，或是進一步擴大影響力。我稱這樣的過程叫做「增幅」。

㉛ 未來10年應該培養的核心能力：自發、互動、共好

10年後的世界，究竟長怎樣？其實沒有人可以精準預測。所以，務實的做法，不是去預測未來的問題，而是去培養解決未來問題的能力。

但是，在這個世界裡碰到的問題，只靠一個人很難解決，大多是必須仰賴不同專長、不同文化背景的人來解決。所以，我認爲在未來10年，最需要培養的核心能力，就是自發、互動、共好。

這其中又以自發最爲重要。看到一個問題的時候，我們腦子裡有兩個迴路，一個是「逃避迴路」，就是避開問題；另一個是「接近迴路」，就是去面對、主動解決問題。在我們學習的過程中，並沒有人天生都是採用逃避迴路，也沒有人天生都是接近迴路。

我們在年紀比較小的時候，對於問題通常是抱持開放的態度，會問很多「爲什麼」，會想要多去理解。長大以後，有時因爲人與人之間的競爭，有時因爲有公認的標準答案，

會讓我們覺得，我對這件事情的改變無能爲力。所以，就會往逃避迴路移動。

但是，碰到任何問題時，儘管其中有讓人看不順眼的部分，在靜下心來想過之後，總是能找出自己可以理解和分享的視角。也就是說，看到一個問題時，不是等著別人來告訴你標準答案（因爲通常沒有標準答案），這問題也通常不是單一學門可以解決的，因爲如果可以解決，早就解決了。

我們在未來10年碰到的問題，可能就會像Covid-19一樣，是一個跨學門的難題，需要十幾個學門匯流才能解決。所以，每個人都可以從自己的生命經驗出發，從自己的角度切入去思考。然後結合跨領域、跨世代、跨地域的，有志想要解決同一個問題的人，以包容和互相欣賞的態度，一起找出解方，這就是從自發到互動，從互動到共好的歷程。

32 最難自學的能力，是傾聽

我是一個長期自學的人，如果要問我，有哪一種能力是最難自學的？我會說：傾聽的能力。

人文相關的學科，如果只看書可能會看不懂，因爲寫書的人，他的人生經驗可能跟你很不相同。所以，唯一可能學習的方式，就是如果別人有感受，而且願意分享時，你認眞聽他講。

因爲彼此的生命過程如此不同，所以，如果聽到一半，你打斷他，或是還沒聽完時，在心裡就先下了結論，這樣還是沒有用。

在聽任何一個人講話的時候，5分鐘不打斷他，通常可以做到。但是，如果對方講到15分鐘，我們可能已經在腦子裡打斷他了。到40、50分鐘，就會越來越困難。但是，對很多朋友來說，這時候講出來的，才是他眞正的個人經驗，才眞正開始有同理（empathy）

的交流，才眞正能換位思考，才能眞正進入他的世界。這個要自己學，是不可能的。

但是，要怎麼確保人家願意跟你說話？你聽對方說了15分鐘，花5分鐘跟他確認你聽到了什麼，然後，他才願意講更多，然後你才有機會更改你預設的立場，這是積極聆聽（active listening）的技巧，練習一輩子也練習不完。

每一天多設身處地、換位思考，但是又不要被對方的情緒所攫取，而是在自己心裡面有一塊空間，可以理解到對方所處的狀態，但是除了傾聽之外，也要慢慢回到共好的過程，這個過程可以跟對方分享，然後慢慢應該可以達到一個同理心的狀態。所以對我來說，傾聽或同理心比較像一種討論事情、溝通的習慣，而不是一門技能。

33 要培養寫程式的能力，先從試算表開始

曾經獲得圖靈獎（Turing Award，電腦界的諾貝爾獎）的一位寫程式的前輩戴克斯特拉（Edsger Wybe Dijkstra）曾經說：「你的程式寫得多好，取決於你的母語能力多好。」所以，母語能力越好的人，程式就寫得越好。程式就是把自己腦裡的意念寫成字，跟文學是一樣的。只是寫程式的人要押的韻，跟文學押的韻不一樣。

如果大家想要學寫程式，可以先從試算表開始練習。試算表其實就是一種函數式的程式寫作，裡面可以帶入很多機器學習的經驗。因爲它的資料是有結構，每次只需要學一點點，例如從「加總」（sum）開始學，就可以省很多計算的力氣。如果學到樞紐分析，就可以省更多力氣。

我過去的經驗是，如果有函數式程式設計的訓練，就比較能掌握複雜的事物。而excel，就是大家最常用到的一個函數式程式設計的環境。

當我們很習慣把事物拆解成函數式程式設計，就是每一個試算表裡的公式，都是由它帶來的函數的參數所決定，而不以別的東西來決定，那就很容易把大的東西拆成頁籤（tabs），再拆成很多公式，那就不會覺得一個大到有七、八十個元素的事情，有多麼困難。

如果是在團隊中，雖然我只掌握一點點資料，但其他的部分可以是由別人掌握，整個團隊就能一起做完一件大事。

但如果在腦裡沒有把大的專案拆成小的，就會覺得不知從何下手，無助感就會開始出現。一旦能把大的議題拆成小的，就不一定由你自己解決所有問題，可以由很多人並行地去解決。

㉞ AI時代，會出現永不疲倦的老師

二〇一六年，美國的電腦專家戈爾（Ashok Goel）教授，在一堂有350人選修的碩士線上課程中，讓助教華森（Jill Watson）來幫助學生。這堂課程的學生很用功，幾乎每天在線上會提出約100個問題，所以，以一個學期100天來計算，教授和助教必須回答一萬個問題！其中有很多都是反覆提出的、類似的問題。

然而，不論是在白天還是晚上，不論是在哪一個時區的學生，只要有人對作業線上提問，華森十分勤奮，他都會立刻回應，詳盡解說。到了學期末，學生們才發現，原來華生是戈爾教授團隊訓練出來的AI助教，是一種很能應變的聊天機器人。雖然有點訝異，但學生們很快接受現實，並且還提議要讓華森角逐「年度最佳助教」。

許多老師應該都會同意，在教室裡最珍貴的時刻，是與學生即時交流，互相有所啓發的時候。像華森這樣的AI助教，能夠減低老師處理瑣事的壓力，讓老師們把時間花在更有創造力的事情上面。

ＡＩ來了，代表未來是一個終身學習的時代。ＡＩ是永遠不會累的老師。在ＡＩ時代，「科技」不只是讓孩子上幾小時的程式課，更是幫助他們學好科學、藝術和數學的新工具、新方法。我們要慢慢學習「把ＡＩ當成生活中的一部分」。

有了ＡＩ的協助，未來可以眞正進入一個終身學習的時代，不只從小學到大學，都可以與ＡＩ一起學習，各個年齡層，包括銀髮族，都可以得到ＡＩ的教學協助。雖然課程和師資的需求龐大，但正因爲有了ＡＩ，才有能力應付如此龐大的學習需求。

更長遠來看，這樣的ＡＩ助教可以讓教育的資源更爲普及，無遠弗屆，讓學習者能夠以更爲個人化的課表來學習，而且更有樂趣。

35 如果可以自己規劃一周的課表，你會怎麼做？

我應該會寫：「每天都睡到自然醒，然後學自己想學的。」

學習時，最重要的就是「儲備學習的能量」。我之前曾經參與研究ＡＩ類神經網路，那時候發現，要讓ＡＩ學習新東西的時候，要消耗非常多的能量。但是一旦學會了，運用已經會的東西，幾乎不消耗能量。

當一個人能量不足的時候，比如有時間壓力時，就不容易學到新的東西，會不斷重複之前思考的模式。如果眞的要變成自己長期的記憶跟習慣，必須很認眞聽、很認眞學，必須要在有充分休息的情況下，才學得到。這是我自己的經驗。

★睡眠／觀察／創造（sleep / observe / create）

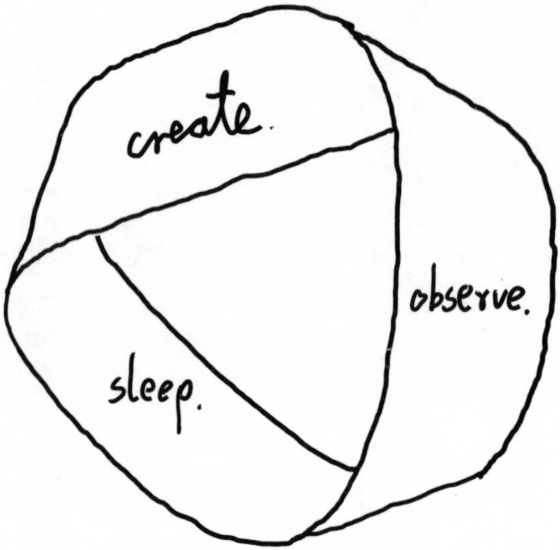

3 我的網路私抽屜

㊱ 所謂的自由，就是網路的兩端，可以隨意連結

對我來說，所謂的自由，就是在網路的端點與端點之間，可以隨意連結。也就是說，地球上任何一個角落的人，想到什麼事，就可以寫一封email給我。如果能促成這種端點對端點的溝通，沒有限制，這就是實踐了「自由」的價值。

這說明了自由不完全是私人的事，也不完全是社會的事。而是展現在任何兩個人，想到同一個價值的時候，可以共同分享，所以，「自由」是人際（interpersonal）之間的事。

另外，因爲任何兩端可以隨意連結，在民主社會裡，這樣的連結，可以視爲是人權的一部分。意思是，每個人都有權利在網路上充分表達，可以在網路上找到志同道合的朋友，可以運用網路增進自己的生活品質。要任意連結，需要好的網路品質，所以，在臺灣，我們的主張是「寬頻即人權」。

現在，如果剝奪一個人使用網路，他的言論、集會結社及基本權利都受到很嚴重的影

響，所以，現在的網路自由跟言論自由一樣，是一個民主社會的核心價值。

但是，正因爲享有這樣的自由，每個網路使用者都有可能變成傳播資訊的人，對於網路上的言論，更需要具有獨立判斷的能力。在指尖發送訊息的時候，要理解到，同樣的訊息，可能會造成不同的認知背景，或者是不同生命經驗朋友的不同感受，所以在訊息的設定上，盡量也可以有一些比較高的互動性，例如可以邀請對方參與討論，而不是一下子就變成單向霸凌，或者是跟風的情況。

當然，還有「練習在溝通中尋找共同價值」的能力也很重要，而不是否定掉對方價值，我想，這些都是網路時代很重要的素養。

37 網際網路就是我的建築材料，以此創造新的互動

對我來說，創造一個空間，就是創造人跟人新的互動方法。不論是之前的口罩實名制，或是簡訊實聯制、疫苗預約制，對我來說，都是「共創新的空間」。

所謂新的空間，我不會特別受限於物理空間，而是大家有可能用新的方式互動，而這個新的方式又變成新的習慣。所以，空間也意味著人跟人互動的一系列習慣。

對我來說，網際網路就像是許多種建築材料，以此去建立新的空間。網際網路的好處是，我可以做拋磚引玉的工作。我寫好一個程式後，別人可以用我的程式去修改，可以有新的變化。網際網路作爲一種建築材料，它賦予創作者最大的自由。只要我答應我不去告下一位使用者的創作，他就可以發揮創意。

如果沒有這樣的空間，我們就無法進行共同創造。「創造」跟「空間」不是線性的，而是互相生成的。創造跟空間並存的時候，我覺得我是活著的，我就是一個載體。當我說

「未來透過我們而來臨」時，是把自己當載體而不是主體。

當年網際網路設計出來，就是因為可能有核子大戰，地球上會充滿輻射塵，人無法移動，但又必須聯絡，爲了這樣的目的而設計的。所以，這正好就是這幾年來，身處疫情之中，地球的情境。

㊳離開網路，對我來說就是出國

對我來講，「空間」這個概念，一直包含網路空間。開始工作後，我在外面租房子，跟室友即使只隔一扇門，我們還是用網路傳訊息聊天（笑）。

我還記得自己在Perl6社群裡面時，因爲要及時回覆訊息，所以會把筆電帶進浴室，放在毛巾架上面。有訊息來時，我就用牙刷按鍵盤秒回。大約是二〇〇一年以後，wifi速度夠快之後，我的精神和時間，大多花在網路空間，實體空間反而比較像電腦桌面背景。

當時，我確實有一種數位移民的感覺，我大部分的空間感其實是從一個視窗到另一個視窗。意思是說，我如果離開網路，到實體空間活動，比如跑去待在咖啡廳，或者去逛夜市，心情上就很像出國。

我也把我在網路上與人互動的方式，放在實體世界。也就是說，實體世界的我，其實是複製了網路上的我。這兩個並沒有不一致的地方。

在我成長期間，那時的網路有兩個特性，第一是「非同步」溝通，所有的網路互動大多不是及時的。因爲當時頻寬不如現在，沒有足夠的頻寬做直播。所以彼此回應的時間，常有延遲。

其次，當時受限於頻寬，唯一可以即時互動的不是影像，而是文字。所以，如果要同步溝通，就要靠文字。但打字需要時間，又要追求速效，所以會有縮寫、行話，利用精簡的文字或是顏文字、表情符號，作爲輔助情緒的溝通。有些圖示，例如「笑到哭出來」，在各個文化裡大家的理解大概很相近，可以不用翻譯（其實也翻不出來）。

所以，可以說，最早因爲種種技術或頻寬的限制，網路改變了原來我們在實體世界習以爲常的溝通方式，在對話中使用縮語詞或是顏文字溝通，變得不足爲奇。但因爲技術及頻寬的限制，才造成了這種網路溝通的文化。

㊴在網路上制定規則，要讓眾人擁有參與權

有人問我，現在的網路是一個什麼樣的地方呢？我的回答是：「不是一個地方，是很多地方。」

網際網路的「網際」才是重點，它不是均質化的東西，而是很多異質化的小網路結合在一起。我們是透過網路協定，去把它們串在一起。

網路可貴的地方是，如果你想要一個不同的異質網路，不管你把它叫做比特幣或以太坊，你都很容易在網際網路的架構裡，把它架構起來。不需要受到網際網路其他部分的影響。

也就是說，你可以隨時發明一套新的網路規則，這樣的發明有無窮盡的可能，任何一般人都可以客製化、訂製網路的創造空間，這是從網路一開始至今都沒有改變的核心精神。

唯一要注意的是，在網際網路的世界裡，設定規則的權力，一定程度要讓終端的使用者共享。如果這個權力突然收回來，以過去的經驗來說，大家都會用腳投票，離開這裡。

在網路上的大家，之所以願意參與一個協定，是因爲他們知道未來對這個決定的演化，每個人有「參與權」。一旦這個參與權有被收回的跡象，大家立刻就跑掉了。

這個跟營利其實完全沒有關係，有很多有營利的專案，都還是一直保有非常高的參與權，例如現在Linux Foundation基金會（開發與經營開源軟體的共同事業體）的各種專案裡，大部分的貢獻者是拿了薪水來做這件事，也創造很多的貢獻。但他們有一個共識，後來也變成法律文件，就是任何一個Linux終端使用者，他拿程式去任意的改作、使用，都不會被比他早參加創作的人提告，前提是只要他也同意，比他晚參加的人，就算又更動了他變更過的部分，他也不會提告後面的人。當年的默契，現在已經變成法律文件了。

所以，如果我在網際網路上付費買了什麼，我想要買的不只是使用權，而且是參與權。就是從我加入之後的所有變動，我都有發言的權利，這個概念，有點像是入股。

40 實踐黑客精神，勇於分享知識

二〇一三年，在網際網路世界發生了一件令人難過的事。美國的天才公民黑客，26歲的Aaron Swartz，因爲抗議學術論文被特定廠商轉售，高價圖利，他私自下載論文，並且公布在網路上。結果遭到美國聯邦檢察官起訴，求刑35年並且處100萬美元的罰金。他拒絕認罪協商，最後在當年1月11日自殺。

這件事讓黑客界充滿悲傷及弔念之情，因爲Aaron長期以來一直在網路界推動知識共享，是網際網路世界中極富創造力的一員。在那之後，我也想著要如何延續Aaron的工作，後來我們開始進行的計畫，就是二〇一三年開始的《萌典》。

《萌典》是一個從g0v黑客松（由黑客組成的馬拉松式科技創作）開始的專案，由「開源人年會」的創辦人葉平提出。當時因爲葉平人在美國，家裡的女兒想學華文，卻發現在網路上找不到好用的華文網路字典，所以，葉平就提出「還文於民」的想法，我們就在g0v的黑客松裡，號召幫手一起來把臺灣官方的《教育部重編國語辭典》網路字典優化。

因為教育部的英文縮寫是MOE（Ministry of Education），念起來跟日文裡的「萌」同音，也代表新事物萌芽的意思。所以，後來我靈機一動，就把這部字典取名叫做《萌典》。

從那時到現在，曾經一起參與《萌典》計畫的網友，超過500位。二〇一三年時，我們還曾經一起組隊參加教育部的「辭典啄木鳥」挑錯活動，幫忙修正了《教育部重編國語辭典》裡面一些錯誤或不合時宜的詞條，總共超過四千條，因為這樣還獲得了這次挑錯活動的第一名。

從二〇一三年到現在，不收費的《萌典》已經收錄了超過18萬筆華語詞條，還附上文字筆順，並且有英語、德語、法語對照。《萌典》有手機的app也有網站版，離線也可以查詢。衍生出來的版本，還有客語、閩南語、原住民的阿美族語的《萌典》。

現在想起來，當時我會參與《萌典》，主要是自己對字典的偏好。所以，把共同的創作，變成有樂趣且公開的行動，這是我想做的事。

㊶上傳新知，對網路做出貢獻

「黑客文化」會出現，是因爲過去人們面對嶄新的、巨大的、很難理解的機器或數位系統時，爲了解決問題，所發展出來的文化。因爲以一個人的力量，眞的無法理解這麼大的系統，必須一群人都很專注地了解一些、分享一些，一群人才有可能了解更多。

在日常生活中，如何能夠發揮黑客精神呢？

我覺得至少可以去做兩件事。

第一，盡量去網路上發表新的想法或點子，因爲這不只是解決自己的問題，可能也解決了別人的問題。所以，這樣做可以幫助別人省去探索的時間，讓他可以走得更遠。

第二，不滿足於權威的解釋。不是對方說怎樣就可以怎樣，不是不經過驗證就接受，因爲不知道他講得對不對。縱使對方講對了，在這個重新驗證的過程中，我們會更深入了解這件事，也因此更容易創造新事物。在確認的過程中，也做出發表，確認多少就發表多少。

除了日常生活之外，對於自己社會中或國際社會中更大的議題，通常國際間也會出現互助的黑客文化。例如這幾年的香港人，每天都感受到網路自由被限縮的壓力。黑客們可以幫助身陷那樣處境的人，去維護「網際」跟「網路」並存的狀況，以此證明，網路不是只有破壞性、顛覆性，不只有那種讓人們彼此不信任的應用方式，也有讓人們更容易彼此信任，讓眞相傳播得比謠言快的應用方式。

㊷自己的言論或照片，上傳網路後，這些就轉成了公共素材

在這個時代，我們都會在網路上留下足跡。我們會上傳自己的想法、照片和影片到網路上，之後，難免會收到別人的回應。

我一向不主張自己在網路上的肖像權，誰都可以用我的照片去做二次創作。所以，如果用搜尋引擎在網路上查詢「唐鳳哏圖」，結果會有24萬筆那麼多。

我自己的想法是，只要我在網路上寫下任何訊息，或上傳任何照片，公開出去之後，這些就變成公共素材，對於這些素材的詮釋權，就是大家的，那是大家的創作，已經跟我沒有關係了。當然，我有時候看到眞的很厲害的二創，我也會上去按讚或給愛心（笑）。

所以，我完全不在意大家怎麼創作。有時候，這些創作還會配合時事。例如，前陣子有一個原來要朝臺灣來的颱風轉向了，於是，我就看到一則關於我的新哏圖，就是我可以

★網路公共空間（commons）

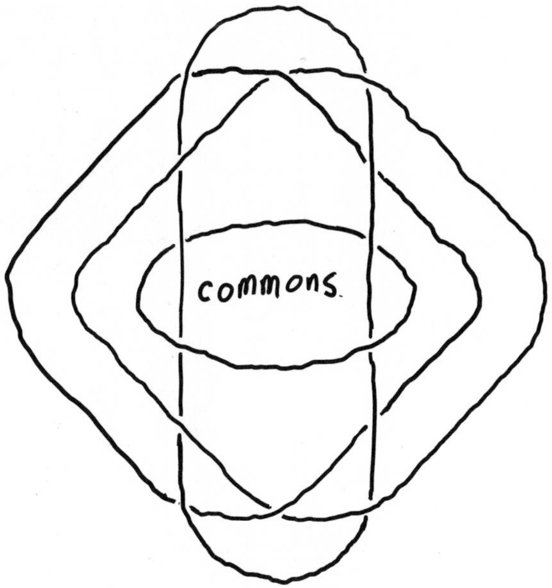

註：

就像是法國哲學家拉岡（Jacques Lacan）所主張各個界域的連結。

圖中三個界域指的是：想像界（the Imaginary）、符號界（the Symbolic）及真實界（the Real）。

意思就是在網路的公共空間（commons）中，人們因爲對於自我與他人有所想像，運用符號，而創造出貫穿於現實的另一種實像。

改變颱風的走向，變成氣象兵器了。但我看了也是笑一笑，並沒有生氣。因爲當自己已經變成一個創作素材，就像圖庫中的圖一樣，我反而就自由了，完全沒有任何顧慮。

至於我每天的工作，每一場我主持的會議，或者訪客來我辦公室的拜會，或者我在外面的演講，我都會留下完整的影像紀錄，或是逐字稿，一樣全部上傳到網路上。這樣有興趣的人可以上去找到全文，了解最原始的資料。

所以，在我把內容上傳網路之前，那些都是出自於我的「眞實」，一旦上傳網路之後，那些內容就變成了公開的素材，任意隨人創作或評論，但那都已經跟我無關。這是我界定網路足跡的那一條界線。

㊸網路上的負面回應，大多是空間的規則造成的

線上社群的負面回應，大概都跟那個空間的溝通規則有關。如果這個空間是鼓勵大家出征，就會讓大家有這樣的模式。

所以即使是同樣的人，光是社群介面的互動改變，或是提供多種心情符號，可以回應不同的感受。每一項改變，都會造成互動模式的改變。有些設計會引導社群成員在社群中做出比較親社會，而非反社會的回應，這樣就不是很容易出征。所以，凡是碰到負面的溝通經驗，我不把他歸因於這個社群，而是歸因於這個介面。

每次，我在社群中看到針對我個人的負面回應，直覺就是這個互動的場域，造成了這樣的後果。

有些社交媒體後來也意識到這件事，做出調整。例如，臉書之前在貼文下面的對話框，是直角的長方形，現在也改成圓角，而且留言會帶入對方的名字。這樣慢慢修改之

後，讓互相對罵的情況，比較不容易發生。

在網路上，我一向是對事不對人。所以，碰到有針對我的評論，我會去理解對方說的那件事，而不會認爲是那個人的問題。

44 碰到網路上的人身攻擊，可以決定要不要回應

既然在網路上，別人對我的評論，都是他們自己的創作，跟我無關，我就可以決定要不要回應，或者如何回應。

網路上對我的評論或謾罵，我不會全部回應，但會挑裡面有建設性的部分去回應。這樣與不特定的網民互動多次之後，他們會發現我對於謾罵不會有回應，但是如果提出具體的建議，就會得到我的反應，所以，大家慢慢地就會往有效的、理性的溝通前進。

我自己從二〇〇八年開始，就設計過類似Facebook的平臺，因為工作的經驗，我非常了解社群演算法運作的機制，所以在這樣的前提底下，我就會把某些謾罵當成是一種演算法的輸出，而不會把它當作是針對我個人的攻擊。

當然，有一些已經指名道姓提到我了，我就不能說這不是針對我個人，這個時候我把它想成是「精神上的按摩」。如果這一件事我沒有想通，我看到也許就會不舒服，在精神

分析上這個叫「阻抗（Resistance）」，就是我有無法面對自己的部分。

這個時候如果我急著去回應，就只是個防禦，我如果不急著回，我深呼吸、聽一點音樂，我好好面對自己，想想看爲什麼我看這個會覺得難受，我把它處理好，然後我好好去回應那個訊息。

往後，我再看到類似的問題，我就再也不會難受。這就有點像大家幫我在心裡找出痠痛的地方，所以，慢慢就不會有痠痛的這個感覺。

如果對方並不想要理性溝通，至少他攻擊我的留言不會得到成就感，因爲，他沒有辦法得到我的關注，也影響不了我的情緒。如果一直得不到我的關注，他就會去騷擾別人，而不會來騷擾我。

㊺感到焦慮時，試著改變習慣

很多會焦慮的人，是因爲以前曾經處於一個不安全的環境，所以他聽到或是看到某些觸發的線索，就必須要迎戰或逃跑，因爲「戰」或「逃」是人類碰到危險時，最本能的反應。

但之後在環境中，舉目四顧，可能已經沒有這些可以威脅到你的東西，但我們還是有可能看到杯弓蛇影。所以，這時候就可以試著建立新的習慣。

關於焦慮與習慣，我之前曾經翻譯過一個小遊戲，叫做「和焦慮一起冒險」。這是由新加坡一個遊戲開發者Nicky Case，根據自己的親身經驗所開發的。遊戲中會引導玩家去思考焦慮的來源，可能是害怕受到傷害、不被愛的恐懼，或者害怕自己成爲壞人。

我後來也去找到幾篇談論「焦慮與習慣」的論文，後來慢慢建立了自己回應焦慮的習慣。

養成新習慣並不困難。養成新習慣會失敗，可能是因爲沒有「一次專注在一件事」。如果想要同時養成好幾個新習慣，可能就不容易。或是，在短時間內，想要做一件很嚴肅、困難的事，這樣可能也不容易。想要養成新習慣時，可以告訴自己，剛開始就是做個兩秒鐘、五秒鐘就好了。

例如，看到網路上有人對我人身攻擊，本能的反應可能就是想要還擊，這是原來的舊習慣。如果要養成新的回應習慣，看到人身攻擊，我就告訴自己，深呼吸兩秒，然後走到廚房去任選兩個不同的茶包，混和在一起，泡一杯新口味的茶。之後再回來決定要不要回應，或怎麼回應。對我來說，這樣就是有意識地建立新習慣。

對我來說，要養成新習慣時，我會尋求「立刻就可以完成的某種轉念、觸發」，而這個觸發形成了新的長期記憶。所以，對我來說，這種轉念就比較像是一個記憶，而不只是一個提醒。

當我有意識地做過一次，我記住它。隔天之後，我再被觸發時，就比較不需要去回想或告訴自己，因爲這是我的記憶，是昨天就做過的事。再隔天，可能更不需要花力氣去想，到最後就變成了習慣。

如果以人身攻擊來說，這個觸發，以前都會直接導向做無意識的事，會發怒還擊。但後來至少有一次，我很有意識地去做一件別的、但很容易做的事，改變回應「人身攻擊」

的習慣。如果當天有睡夠，醒來，我再去觸發一次，之後就很容易往這條路去，過兩個月就變成自動的習慣了。

㊻像下載APP一樣，建立新習慣

通常我們會在不滿意自己的時候，想要改變。但是，「改變」本身就很有趣。不一定要經歷什麼痛定思痛的事，或是不滿意自己時，再醞釀改變。而是，有餘裕就可以改變。這是可以輕鬆看待、常常練習的事。

對我來說，「改變」就意味著「建立新習慣」。

通常我在面對日常生活的時候，如果看到有個習慣，不太好用了，我就放掉它，但是我放掉這個習慣，不是為了達成什麼偉大的目標。純粹只是覺得在日常生活中不適用了，就把它換掉。

我幾乎每一天都穿同樣的衣服，每季換一個款式，現在大家可能也習慣我這樣了。因為防疫的關係，從疫情開始，我每天回家就先洗澡、洗頭、洗衣、烘衣，這也變成這幾年的習慣了。養成這些習慣後，就不用特別想，也不會造成負擔。所以，這是可以減低自己心理負擔的事。

但是，當新的狀況發生時，就要有意識地建立新習慣。我可能會比較有意識的一次只建立一個新習慣，花兩個月時間，反覆進行。到最後，我不用特別去想，也做得到。最後，「習慣」就會像我生活中的app，幫我完成我想要做的事。

㊼數位貨幣，意味著密碼叛客的精神

過去我居住的花園新城有發行過社區貨幣，叫做「花幣」，因爲社區居民彼此熟識，而且互相信任，所以這個貨幣可以成立。如今的數位貨幣，例如比特幣，是在網路上營造一個信任的環境，在這樣的基礎上來發行，讓素未謀面的人相信手上拿的數位帳本是一致的。

當初比特幣的起點，是一種抗議的聲音。二〇〇八年的雷曼兄弟風暴引發了金融海嘯後，一種向中央政府抗議的聲音。雖然有些金融業做了不好的事，但是爲了維護金融秩序，政府還是必須出面保護金融業，因爲除了由中央銀行管控，沒有別的選擇。

但有一些不想要受到這種管控的人，在網路上創造出一個不受任何人支配，就能交流貨幣的環境。大家稱這群人爲「密碼叛客」（cyberpunk）。他們不認同必須靠集權式的中央機構才能管理貨幣，因此想著要打造一個任何人都能信任的開放系統，大家可以加密在網路上直接交易貨幣。

發明比特幣的中本聰（Satoshi Nakamoto），就是一位密碼叛客，他充滿了神祕色彩。他在二〇〇八年10月發表了一篇關於比特幣的論文，之後在二〇〇九年發布第一個比特幣軟體，到現在他沒有公開露面過，也沒有人知道他是誰。

中本聰發揚了密碼叛客的理想，經過中間很多人的貢獻，他們找到了一套能夠調動全世界的財務資源來研發這件事情的方法，變成了一個加密貨幣（比特幣）。可以說，他調動了所有投資於這個加密貨幣的人的錢，來進行這方面密碼學的開發，是一個很成功的嘗試。

這樣的嘗試，改變了什麼事呢？

像數位貨幣這種概念，不只是去中心化，而且是多中心化，背後的概念是「分散式帳本」的技術。這其實是一個可以適用於許多領域的發明，不限於金融業，在各行各業都可以應用。

傳統上，兩個人之間的貨幣交易，需要第三方介入（例如中央銀行），提供互信的基礎。但是，數位貨幣的分散式帳本，告訴我們，只要大家都相信同一種建立共識的演算法，那麼即使所有這些參與交易的人，中間完全沒有互信，只要信任這個公開透明的分散式帳本，就可以安心交易。

數位貨幣顯示了一件事，即使是貨幣，也可以用多中心、分散式的方式來進行交易，這套發明，也可以當作各國金融機構互相清算的方法，而不用集中到swift（society for worldwide interbank financial telecommunications，國際銀行同業間的國際合作組織），所以對現有的金融機構，也有補強的作用。

所以，這是一個可以依賴這種加密技術，而不用仰賴權威第三方建立互信的時代。即使一個小的社區或團體，也不用把權力集中在一處，不用依附於一個大的結構，才能開始進行內部資源的治理。這樣一來，關於治理的想像，就被打開了。

★分散式帳本（distributed ledgers）

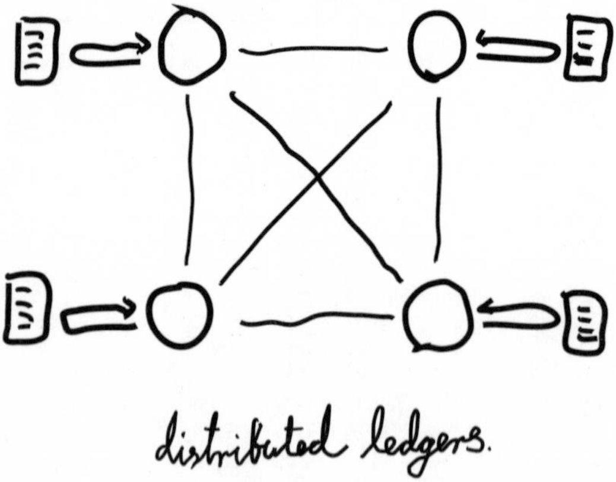

爲了感謝中本聰的貢獻，比特幣是以一聰（Satoshi）爲最小的計算單位，一億聰就等於一個比特幣。所有人交易比特幣的紀錄，都可以在分散式帳本上看得到。據說中本聰本人持有幾十萬個比特幣，但是從來沒有買賣交易過（到二〇二二年1月3日爲止）。這些年來，也有人出面說自己是中本聰，但是無法驗證眞假。即使有人說，要提名中本聰作爲諾貝爾獎的候選人，但卻沒有人找得到他。我在這裡先說一下：我不是中本聰（笑）。

但每個國家的法幣，使用的情境可能都有不同。不會因爲變成數位貨幣，就可以放諸四海皆準。所以，我認爲像比特幣這種數位貨幣，不會因爲這樣就變成全球貨幣。即使是數位貨幣，還是要配合我們現有的習慣和支付，才能普及。

㊽在數位世界中，可以實驗「讓社會變得更好」的主張

在現實的世界裡，話語權或經濟的權力，很多不是自己的選擇，而是這個社會的結構。這樣的結構會形成階級。所以個人階級流動，穿透力能夠多強，完全是看這個社會的組成來決定的。

如果這個社會的組成，讓人很難去流動，有人很努力卻得不到回報，就算有個別的人有流動，那個階級還是很固化，而且會代代相傳複製下去。

如果，我們的目的是讓現有的階級，不要限制個人自我發展的機會，現在越來越多人會去看「平權」，就是每個人貢獻社會、實踐自我的機會是否平等，而不是只看現有的規則是否平等。

在數位世界裡，對於那些可以改變現況的主張，大家都可試試看。

如果你覺得有一套經濟體系比現在好，在以前可能要搞革命，現在只要在網路上挑一種加密貨幣，就可以試驗你的貨幣政策。也就是說，當你在嘗試全新甚至激進的理念時，現在存在一種全新的空間可以讓你發揮，而不是在舊有的實體空間裡圈出一小塊作爲實驗。

如果在過去還沒有網際網路，或是沒有網際網路上面這些社群時，這種實驗是很困難的，幾乎不可能。但現在網際網路上的社群，加入的人都是認同相同的理念。所以，網路是可以實驗全新構想的地方，卻不會眞的引起很大的衝突。

㊾在網路上保護自己的方法：三國無雙

網路雖然帶來許多方便，但也可能是出現惡意和詐騙的地方，要怎樣才能變成一個有智慧的網路人，保護自己的隱私以及重要的資料？我自己在使用數位工具的時候，有一個祕訣，叫做「三國無雙」。

「三」的意思是，任何重要的資料，要選擇三個不同的地方作爲備份。而且，這三個不同的地方，至少要有一個是跟你在不同的地理位置。所以，我在電腦裡的資料，在雲端也會有個備份，另外，我也會有一個不在辦公室的網路儲存裝置（NAS）。

「國」的意思是，盡可能用跟臺灣或理念相近的友好國家的網路設備，來進行工作。如果我的資料跟你的資料連線時，中間不是透過點對點的通訊（就像我的電腦直接連到你的電腦），而是經過一個傳送資訊的伺服器（就像我要經過網路上的另一台電腦才能跟你連線），那麼，我們就要了解這個伺服器位在哪裡？這非常重要。最好這個伺服器是在國內，這樣才不會被惡意的第三方把資料加以變造。

「無」就是無痕瀏覽。參加一個視訊會議時，不論是用Zoom，或者是Webex，或者是其他視訊軟體時，如果只是去當一個來賓，一個訪客，只是偶爾聯絡一次，我的建議就是不要去下載任何軟體，安裝在自己的電腦上，用瀏覽器提供的同樣服務去連線就好。

因為這個軟體即使現在看起來沒有資安漏洞，但未來它會有各式各樣的更新，都還是有可能造成你電腦裡面的機密隱私資料，被那些沒有人知道的漏洞0-Days（零時差攻擊）所攻破。

「雙」就是，所有我用到密碼的部分，都盡量用到雙因素確認，就是「靜態密碼以外的認證方式」。例如動態密碼、手機訊息，或是用指紋這種生物辨識。但要記得，如果是指紋，就只能存在自己的設備，而不是上傳到其他地方。

以上這四個原則，至少要有兩個符合，才比較安全。如果沒有，就寧願去找其他的替代品吧。

50 我不用手指觸碰手機螢幕

如果要問以前的網際網路跟現在有什麼不同？我會說，現在因爲有智慧型手機，在實體世界的大家，跟網路社群的互動，有可能過度密切了。

我盡量不用智慧型手機的觸控螢幕。我上班用的是Galaxy Note手機，結果發現自己會一直滑下去，手機好像成了我的一部分，變成是手機在滑我，而不是我在滑手機，後來我改用觸控筆接觸螢幕，才解決這個問題。我下班時用的是Nokia的按鍵手機，用iPad搭配觸控筆看電子書、回覆訊息。

我的經驗是，用觸控筆接觸螢幕比較不容易3C上癮，因爲觸控筆是一個工具，並不像手指頭，是身體五感的延伸，所以身體不會覺得手機是身體的一部分，就像幻肢一樣。

現在也有很多人提到，需要數位排毒。我的解方，就是每天都要有離開網路的獨處時間。我醒著的時候，就半小時休息一下。晚上就每天睡八小時，這就是我維護心理健康的方法。

爲什麼獨處的時間如此重要？因爲這樣才能整理出不受社群影響的看法，以及跟自己相處的方法。獨處時間做些什麼？做什麼都好，就是不要做與人互動的事。有人喜歡聽音樂，有人喜歡慢跑，有人喜歡做菜或閱讀，這樣都很好。

如果是減少了這樣的獨處時間，又常常在網路上，那麼就很可能會上癮。晚上本來可以早點睡，或是早上本來可以多睡一會，但因爲滑手機就減少了睡眠的時間。

所以，一定要好好維護自己的獨處時間，而且如果有任何成癮的行爲，也要趕快警覺到，想出對策。

51 破解上癮的公式

我八歲拿到電腦時，幾乎就立刻開始寫電腦遊戲。剛開始寫程式是爲了讓我自己更容易學會數學。在這過程中，我發現市面上有很多教學軟體，這些教學軟體要花錢買，但後來我發現把它寫出來很容易，其實不需要用買的。所以，我有時看到一套軟體之後，就會思考要怎麼樣寫得更好，等於是受到這些軟體的啓發。

我記得我寫過一個學習分數的遊戲，也就是有一組從0到1的數線，在不同的數線上有一些氣球，玩家可以輸入分數，猜看看這氣球是在幾分之幾的位置。如果是1除以2，就是二分之一，就會有個飛鏢跑到這個數線的中間，如果下一次發現這個氣球往旁邊移動了一點點，就可以再去試五分之三，類似這樣。我後來是用這樣的方法，來教導弟弟分數的概念。

因爲寫過遊戲，我就發現，我們寫的程式就像五線譜，而人跟電腦遊戲互動的方式，就好像節奏或音樂。

就像一個作曲家，可以透過作曲或編曲的技巧，來調動聽者的感受。我們在寫電腦遊戲時，也可以透過相同的技巧，來調動人的感受。寫過遊戲之後，自己在玩遊戲時，會對遊戲有比較多的理解。這樣就可以解構遊戲中可能操控你的部分，知道現在寫遊戲的人，是在運用哪些技巧吸引你。

遊戲之所以吸引人，是因爲，有時候「不確定」或「期待」，會讓我們一直沉浸其中。因爲，這激發了腦中那個預期有獎賞的迴路。這本身有什麼意義嗎？其實沒有。設計遊戲的人，就是爲了讓玩家上癮。他們會從「時間」和「頻率」著手，只要讓玩家玩的時間越長，越常去玩，就越容易上癮。

我自己也玩遊戲。玩一下遊戲，用來調整自己的心情很好，但是如果中間沒有半小時休息的節奏，會變成不是你玩遊戲，而是遊戲玩你。個人主體的能力會被剝奪，陷入上癮的狀態。

所以，每半小時休息一下，用番茄鐘節奏抽離一下。這樣把時間切分之後，就會知足，知道我學到這個技巧了，接下來我想的就是要如何運用這個技巧，而不是陷入被遊戲操縱的狀況，這樣就不容易沉溺其中太久。

4

我的工作私抽屜

52 工作，就是創作

對我來說，工作就是一種創作。

工作是創作的時間，生活是放鬆的時間，這是兩種不同的節奏。這個節奏何時發，何時收，是以當下的心情來決定。

而工作與生活的心情，不是以時間表來區分，而是以空間來區分。意思是說，我不會堅守幾點幾分工作，幾點幾分下班。但是在我休息的空間裡，就不會有鍵盤，這樣就不會進入工作模式。

53 過早定案，是諸惡之源

大約二〇〇八年時，我剛好看到有一種時間管理的方法，叫做「番茄鐘管理法」。最早，這是由一個義大利的大學生Francesco Cirillo發明的方法。在準備期末考時，他爲了強迫自己專心，用廚房裡番茄造型的計時器，設定25分鐘，專心念書。念完之後休息5分鐘。這樣反覆四次後，會有一個比較長的休息時段，大約15～30分鐘。

從那個時候至今，我一直用這樣的方式工作。

剛開始，是因爲這很符合我作爲程式創作者的工作習性。因爲在寫程式的時候，有時腦子裡想到的第一個解決方案，可能在某個小地方表現得很好，但是，卻有可能犧牲後面的彈性或延展性、品質等等。

計算機科學裡有一句話說：“Premature optimalization is the root of all evil.”意思是說，在我們領域中所有邪惡的根源，都是因爲在早期設計的時候，就執著於把某個小地方做好，過早的最佳化，結果反而犧牲了整體的品質。

所以，把視野拉長很重要。在我現在的工作上，也是如此。

我自己每25分鐘會刻意把自己打斷。切出這樣的節奏，是因爲，有時候沒有刻意打斷，眞的很容易完全沉浸其中，忘記其他的事情，也有可能會鑽進牛角尖。這件事本來可能用很多方式解決，但我會卡進我想的第一種方式，變得不夠周延。

所以，每25分鐘，我會停下來，退後一步想想：「這件事要一直用這個方式做下去嗎？有沒有更好的方式？」

這樣的話就比較全面，而且可以考慮到更多利害關係人的權益。所以，工作每25分鐘就打斷或許有它的壞處在，但以我之見，每25分鐘主動中斷自己的工作，好處可能更大。

㊹創業的定義，就是不等別人來錄取你

大部分人求職都是透過求職網站，我也有試過求職網站，但沒有任何一份工作是因爲這樣而來。

二〇〇九至一〇年我登錄過有名的求職網站LinkedIn，是因爲有一位同事希望我幫他推薦，所以我留了資料在上面，直到現在。如今偶爾會有人送信給我，問我要不要一起來開發加密貨幣（笑）。

我的第一份工作就是創業。對我來講，創業是很自然的。只要我覺得有哪些事情可以一起學習，一起創造，因緣俱足時，當時的環境時間點是對的，自然就會有人來做這些。在網際網路上，任何人看不順眼什麼，都可以直接去改造現況。

16歲的我，當時看不順眼的是什麼呢？就是我擔任作者的資訊人出版社的電商網站。我覺得他們的做法可以更好。因爲我當時正在學html，想要練習一下，所以我第一個練習的對象，就是我擔任出版社的公司的網頁。在對方沒有給予任何資源的狀況下，就做了一個野生電商官網，他們網站上有什麼，我就把圖文拿來用，直接做了一個功能更好的進化版，並且延伸提了一個社群互動網站的計畫叫CyberEye。在網路上做這些，沒有成本，而且可以直接公開。因爲如果不公開，就不會知道別人怎麼跟你互動。

當時資訊人的創辦人之一賀元看到這個野生官網，他能決定的就是要不要告我。但他決定不要告我，而是一起創業，邀請我當技術總監，管理這個公司的網站。

一般來說，一個作者當然不可能因爲在一個出版社出書，就當上那個出版社的主管。但那時只是因爲我對網站有興趣、有熱情，而這個領域太新，大家也不知道究竟要怎麼定義尋人條件，所以，忽然間，這個公司的網站就歸我管了。

也就是說，社會上有人覺得我們長大後才能做的事，其實，隨時都可以做。

55 組織內需要平等的橫向聯繫

我二〇〇八年進入Socialtext工作。Socialtext一開始是提供企業類似維基百科的服務。因爲這個公司有很多我在Perl社群的朋友，我在加入之前跟這家公司有外包的合作，所以知道他們的企業文化。

在那之前，剛好他們的CEO換人，新的CEO做了任何CEO會做的事，就是跟每個員工討論，他們對現在的工作環境有哪些不滿？公司有哪些需要加強的地方？

但是CEO沒有料到，這些員工把他們的答案都開成共筆，所以每個人都可以看到別人的會談內容，CEO承諾了什麼。

傳統CEO可能是在資訊不對稱的狀態下，掌握話語權。但如果員工可以在企業內公開共筆，這就好像老師一對一考學生，結果學生把所有的答案公開共享，如此一來，企業內橫向的連結就變得非常強，到最後，就變成公司整個工作環境的規則，可以靠大家以共筆建立共識來達成。

這樣的共筆文化，讓這個新的CEO不得不融入這種維基百科式的生態，因爲他也沒有別的選擇。他也不能阻止員工互傳訊息，因爲公司的工作就是做共筆軟體，所以不可能禁止員工用共筆。

這樣一來，在公司很多的日常管理上，包括Socialtext請假的規則，也是大家一起寫出來的。最後關於請假的結論，就是be an adult，做個大人。既不要請太少的假，因爲短期來說對自己不好，長期來說對大家也不好；也不要請太多的假，因爲這樣短期間對大家不好，長遠來說對你不好。總之，每年要請多少假，就自己決定。

我的經驗是，在一個組織中，如果能讓所有的成員感受到權力的對等，感受到參與的樂趣，並且彼此的交流都能相互快速回應，那麼就很容易凝聚向心力。也就是說，迅速在組織裡建立信賴感，是一件很重要的事。

56 從共筆建立粗略的共識

說到共筆，並不需要講究用什麼樣的軟體才能進行共筆，只要是由「可以由多個編輯者一起工作」的環境就可以。一般現在最常用的共筆軟體，應該是google文件及google試算表。如果是蘋果（apple）的話，keynote也可以大家一起編輯，一起分享幻燈片。

當初全球資訊網在設計時，它最早的體質就是一套共筆系統，瀏覽器本身也可以當作編輯器，讓大家可以一起來編輯網頁。但是因為網頁編輯當時對任何人來說都還是有一點門檻，所以後來只保留檢視原始碼，即時編輯原始碼那一部分就拿掉了，現在就比較像單向傳輸的東西。

但是到了今天，大部分的線上文件，不論是放在哪個雲端，通常可以按一個鍵就邀請別人一起線上編輯，這有點像回到全球資訊網最早的階段。所以，我不會推薦特定的軟體，只要是放在線上的文件，挑選可以共同編輯的功能，那就是共筆了。

如果是想讓大家腦力激盪，發散地討論，可以考慮用Miro心智圖來共筆，而即使是用google meet召開線上會議，也可以一面聊天，一面可以用協作式數位白板Jamboard交換意見。

在共筆的過程中，剛開始那個階段，大家會丟出很多不同的意見，然後慢慢的，大家已經沒有什麼意見可以加進來的時候，就會進入意見收斂的階段。但是，如果大家隨時想到什麼，在還沒有進入最後結論之前，還是可以回來討論。在社群裡面混久了，看大家活躍的程度，通常也會知道，討論是在哪個階段，應該怎麼因應。

某些時候，也可以應用投票的方法，來檢驗共識有多少。有一個軟體loomio就提供了這樣多面向的品質討論和確認。另一個軟體Pol.is也有類似的功能。

通常透過共筆，可以在團隊成員中建立「粗略的共識」。什麼是粗略的共識？簡單說，就是大家雖然不滿意，但可以接受的結論。之後，大家就可以在這樣的共識上面，繼續往前走。

57 吃一樣的食物，是在線上凝聚向心力的魔法

二〇〇八年我在爲矽谷的公司 socialtext 工作時，其實我人在臺灣，只有半年一次的 all hands meeting（全員到齊會議）時，才會到總部去集合。

Socialtext 一直是這樣，在矽谷總部工作的人很少，那時我們主要的開發團隊有些在加拿大，主要的測試團隊在印度，我的同事散布在全世界，跨越九個時區。我加入時就已經是這樣了。唯一一次公司有提到要搬家，是因爲新加坡推出「就業金卡」，好像可以節稅。雖然我後來沒有去，倒是第一次聽到就業金卡這個概念。

All hands meeting 是個大型的公司會議，召聚全球的同事共聚一堂，是希望大家多認識彼此，可以喝一樣的飲料，吃一樣的食物，這樣就有共通的話題。

有一年矽谷總部那裡剛好開了一家吉比鮮釀餐廳（GB），所以我的同事常常在那裡討論各種事情。後來剛好這家餐廳在臺北也開店了，所以之後開線上會議的時候，我就去

臺北的GB點餐，跟他們吃一樣的食物。

我有一個總部的同事，很喜歡跟他的團隊成員分享Napa山谷（美國西部葡萄酒產區）的酒。所以，他甚至特別從美國千里迢迢寄酒給我（笑）。其實，那不是什麼名貴的酒，但是約時間視訊，喝一樣的東西，就有共同參與的感覺。所以，這也是我後來可以在臺灣爲矽谷公司工作的原因，因爲我們找到了跨國一起工作的種種方法，讓遠距工作變得很有樂趣。

⑱就算是限制很多的上班族，也一定可以找出適合自己的工作方法

「上班族」對我來說，不是一種認同，而是一系列限制的總和。有哪些限制呢？例如：一次只能在一家企業工作，而不能同時斜槓或兼職；通常會有固定的時間上班跟下班，而不能自己彈性地調配時間。或者，一定要在固定的場所工作（但現在因為疫情，大概已經放鬆了）。

當然，真要講的話，我現在是公務員，在臺灣社會中，是比一般上班族限制更多的一群人。但即使如此，我還是盡可能跟銓敘部跟人事部門溝通，就是我還是要寫媒體的專欄，無薪兼職國際社會創新組織的理事，很有意識地突破每一個限制。

我覺得這不是為我自己突破，而是為整個公務人員體系突破，因為在不影響工作、不索取額外報酬的公益前提下，應該要可以兼職、要可以挑自己工作的環境和時間啊，應該

要可以在比較橫向、而不是縱向的指揮體系工作。

對我來說，這些限制雖然不會形成我的認同，但我會尊重那些限制背後想要達到的價值，然後我用一種新的方法，去達成同樣的價值。

這其實也是創業精神的展現。就是市場有個需求，然後我們創造一種新的方式去滿足他。也就是說，我認同那個價值，但不用認同那些限制。

59 價值的產生，在於空間

我五歲的時候，翻到爸爸書架上的《道德經》，這是距離現在二千五百年前，中國古代哲學家老子的著作。一般人都以爲哲學的書不好讀，但其實哲學的道理，不需要社會經驗就能理解，對小孩來說，反而是容易懂的。

《道德經》裡面有提到：「埏埴以爲器，當其無，有器之用。」意思是說，把陶土燒成陶器，中間要呈現中空，這樣的空間才能用來裝東西。也就是說，中空才能產生價值。所以，老子下了一個結論說：要有看似無用的空間，才能造出有用的東西。

我後來意識到，如果我能提供一個空間，甚至，自己就變成一個空間，一個通道，在「無我」的狀態下，讓衆人透過我，完成他們在意的工作或任務，這就是我的價值。所以我現在所做的事，要回溯到我五歲時的體悟。

創造一個讓衆人可以互動的空間，就變成我這輩子持續在做的事。我小學時寫過一個幫助小學生學習分數的遊戲，這是創造一個空間，讓大家可以學習。20幾歲時在網路社群中，召集Perl 6的開發，也是創造一個空間，讓大家聚集在此創作。

我的辦公室，當然也是空間。來拜訪我的人，帶著他們的人生經驗和夢想，提出想要讓世界更好的創新思維，而我的價值，不在於我想要完成什麼，而在於我如何幫他們做想做的事。

★價值

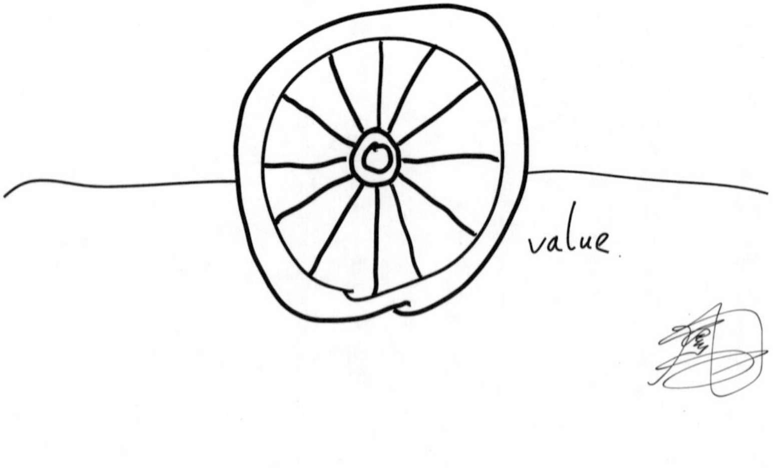

60 在工作中，實踐自己持守的價值

「開放政府」、「持守的安那其」一直是我的主張。當初我加入內閣擔任數位政委的三個條件是：不下命令也不接受命令；我主持的會議或別人來拜會我，之後資料都要在網路上公開；在哪裡上班都算是上班。

當我提出這些價值時，理解這些價值的人，就會有「願者上鉤」的狀況，願意參與這些價值的人，就會願意跟我一起協作。所以，我不會碰到太多勾心鬥角，或是「有很多祕密不願意讓別人知道」的人，跑來找我策畫什麼陰謀。因爲，上面那三個價值，是彼此加強的。所以，我入閣之後碰到的事情，都會繼續加強這三個價值。

當然，在工作上，溝通的重點，在於說明自己堅持的價值後面的那個原因，而不是盲目的堅持。

例如，我堅持的價值是「對內對外的互信」，任何地方能做到這三件事，對跨部門的互信就有好處。所以，這個概念才有可能傳播出去。別人有可能覺得不習慣，但還是尊重這個價值。

如果只是很堅持某些事，但不說明背後的價值，可能就會被人家說：「你很難相處。」所以，在相互溝通的過程中，裡面也蘊含著：如果要達到這個價值，有更好的方法，我也不用堅持我本來的方法。

61 最好的開會，就是不要浪費這一次會議

最好的開會方式，就是確保這場會不要白開。開會讓大家不舒服，不是開會本身，而是開了這次會之後，並沒有減少開下次會的可能，以會養會。有時候開這次會，就推翻了上次會議的決定，這個結構，才是大家不舒服的。

我剛進入政府工作時，接到一個任務，就是要討論「得到世界冠軍的電子競技選手，能不能享有運動國手的待遇，免除正式兵役」。那時候可以感覺出來，參與討論的政府各部門都很挫折，因爲同樣的這個議題，需要跨部門協調，但是我上任後第一次開會時，這個議題已經討論10年了。所有這些代表各部會的與會者，在過去這些年，被反覆找過來開同樣的會議，問題卻一直沒有解決。

原來的狀況是，如果去問文化部，文化部會說電子競技是運動，那就是體育署的事情。體育署會說，這沒有動到身體，所以應該是經濟部的事情。經濟部則說，我管的是硬

體，只管球場，運動員不歸我管。

這個對參與開會的人來說，眞的很挫折。因爲好像沒有哪一場會議算數，所以我後來處理方式也很簡單，就是我不下裁示，但是建議一個可以讓各方利益關係人充分討論的架構。

各部會把自己的主張公開，全部上網。那麼所有跟這議題相關的人，不管是政府業務的承辦人，還是電競的運動員，都會看到，都可以提出一些想法。

我們做的事情只有一個，類似分散式帳本，大家在網路上建立一個共享的空間，每一個新的想法一提出，我們就在那個空間記錄下來，但不是拿它去否定前面的，正式進入會議時，每一次會議都不能取消上一次會議的結論。

在這種情況下，就必須一直往有建設性的方向走。所以，這樣來回三次會議，就找到大家都同意的結論，就是「電競選手可以比照圍棋選手的種種做法，可以服替代役而不用服正式兵役」。後來，電競技藝直接適用臺灣《運動產業發展條例》，享有政府的相關補助。懸而不決的10年議題，就這樣結案了。

⑥② 會議主持人的使命：站在每個人的每一邊

在開會時，參與者最重要的事，就是「對齊價值、給出交代」，與會者要不斷地做這兩件事，而且絕不做別的事。也就是說，會議的主持人在每一場會議中，先不預做裁示，要讓參與的各方先充分討論，對齊價值，等到價值真的對齊了，再進一步討論如何符合這些價值，給出交代，全部就是這樣而已。這樣，意見一下子就收斂，會議就會有可行的結論。

二〇二一年5月中旬，臺灣的疫情突然爆發，曾經有七天，平均確診人數超過500人，引起全民的恐慌。

在疫情緊繃的時候，大家都想要打到疫苗。那時候，我就受命處理疫苗預約的系統。有四天的時間，我跟全臺灣22個縣市的首長或他們指派的負責人一一視訊，當然，他們每一位對疫苗施打都有很多想法，每一個都很有道理。

我經常說，在溝通的時候要「選每一邊站」，但我這次同時跟22縣市溝通、站在每一邊，也是新的經驗。

以前覺得選每一邊站，頂多是十幾個利益關係方，這次變成要與22縣市的基層里長、衛生及民政部門，以及縣市首長等三個層級來溝通。

例如，臺灣有戶籍地的制度，也有居民不在籍的問題。有些地方，可能一半的戶籍人口住在大都市裡，但像雙北的住民，也有很多戶籍在一邊、生活卻在另一邊。所以，如果是這樣，戶籍地的里長，要怎麼通知這個人去打疫苗？

我自己的學習是，一方面要理解他們對市民有不同的想像，里長會想要先照顧人在戶籍地的長輩里民，其次才是不在籍的工作人口。所以，我們必須很有彈性，必須先從里長鄰長角度來思考。然後再往上到區、縣市，到臺灣再到全世界。這樣可以讓每一個層級的人，都能夠既安心又省力。

63 用ORID討論法主持會議

在會議中，主席的角色可以有兩種。一種是開會之前我就想好結論，然後想盡辦法說服你，這有點像是個人的創作。另一種是，我擔任引導，促進討論，最後讓會議產出結論。

以後者來說，如果能在會議中，應用ORID討論法，先說出自己看到的事實（objective），然後聚焦在分享感受（reflective），接著開始收斂、凝聚共同價值（interpretive），最後找出行動方案（decisional），這樣的會議，就比較可能達成共識。

以這一次跟22個縣市開視訊溝通的經驗來說，通常一開場，我會說，雖然過去臺灣各地方打流感疫苗的經驗很豐富，但是，過去流感疫苗很充足，可以等著人來打。不過，這一次的疫苗供不應求，如果中央有疫苗而沒有分配到地方，會立刻受到批評。分配到地方後，如果發現衛生局沒有統籌好，沒有好好分配到醫院、診所，也會立刻受到批評。疫苗到了醫院，醫院沒有打完，也會立刻受到批評。這些都是以前施打流感疫苗沒有的狀況，這是一個共同的壓力。

所以，我在會議中就先統整出這些事實，然後請大家分享對於疫苗的巨大焦慮和壓力。

在與各方討論的過程中，比較周延的方案，慢慢浮現出來，那就是65歲以上的國民，交由地方的基層鄰里長及衛生局造冊，發出疫苗通知。但64歲以下的國民，就依照年齡的級距，統一進入中央的健保系統預約疫苗注射。由年長者先預約，然後依年齡往下。也就是說，有多少人在系統預約，中央就配多少劑到地方，這樣，每個星期配送的疫苗，都會剛好用完。剛好用完，就是唯一中央和地方都不被罵的情況。

我們原來考慮到數位落差，心想，如果要用電腦預約，還是從49歲以下開始預約好了。但是，後來各縣市長跟他們的幕僚認爲，臺灣大部分的長輩都有手機，都會用LINE，那麼一直到64歲的長輩，應該都可以進入電腦預約吧？所以，最後就這樣定案了。

64 以技術服務眾人時，最應該考慮的是省力與安心

不論在哪一個國家，都有不願意打疫苗的人。各國都有同樣的困擾，就是「無法提前預測到底有多少人會來打疫苗？」。後來，我跟各地縣市長討論之後，想出一個方法，就是真正預約施打疫苗時間之前，先讓民眾上網進行「疫苗意願登記」系統，想打疫苗的國民，可以依照年齡順序，預約自己想打哪一種疫苗，看是要AZ、莫德納還是BNT，或是國產的高端都可以。如果改變心意時，可以隨時上線修改。

登記過意願之後，會依照各類疫苗到貨的數量和時間，按年齡順序發簡訊通知，接到通知的民眾可以上網預約，選擇離自己最近的診所或醫院，並且預約自己方便的時間過去施打。

雖然以政府的立場來說，越多人打疫苗越好，但是，最後我們還是決定把施打的主導權交還給人民，他想打就打，想打哪一種疫苗也可以自己決定。除了高危險群的長者，會

動用鄰里長再加強宣導之外，64歲以下的國民，政府就不特別催了。

最後，這樣的疫苗意願登記以及預約注射疫苗的系統，都盡量設計得非常簡單好用，用手機或是超商的多功能機器都可以操作，希望大家用起來非常省力及安心。我一直認爲要技術配合社會，而不是社會配合技術，就是這個意思。

65 領導者的新面貌

任何人提出一個新的想法時，我都會先設身處地想一想，假設我是倡議這個主張的人，一定有自己的道理，只是我一下子還沒有從對方的角度想清楚。這樣一定不是他的問題，而是我的問題。

在每一個新的想法出現時，我把它當作新的素材去理解，雖然有時一下子很難理解，但是多花一點時間就會有進展。

如果在具備同理心的情況下，跟很多不同的人溝通，用這些人的視角來看世界，這樣，久而久之自己也會掌握到一個能力，就是自己心裡想的永遠是「我們共同的價值」，而不是大家不同立場的部分。

因為通常一件事情的各方利益關係人，看待這件事情一定會有不同的立場，如果想以「立場」來說服彼此，只要他站的立場跟你不同，說不定對方就會看到一些對你有利、對他不利的地方。你要說服他，幾乎是不可能的。

所以，暫時先不管利益關係，大家可以先去想想，有沒有一些共同的價值？進入政府服務之後，我定位自己是「公僕的公僕」，就是去服務大家、幫助所有的人，然後讓大家找到共同的價值，再透過創新來實踐那樣的價值。

我也曾經跟日本的一位思想家野中郁次郎請教過這種共享空間的重要性。我後來的領悟是，領導者隨時要保持著對「新的可能性」開啓，能夠選每一邊站，學習到從各種不同的立場來看事情的智慧，而且讓大家參與每日、每秒的實踐過程，也許這個才是領導。

66 工作所需的技能樹

玩過遊戲的玩家，有很熟悉的兩個指標，一個是XP，一個是技能樹。

XP代表的是經驗值，只要花時間去玩遊戲，就會得到經驗值，玩得越久，累積的經驗值越高。而技能樹是破關前需要先具備的能力，這是需要刻意練習的。

XP是單維、線性的。到學校去讀書，花時間得到學歷，就很像在累積XP，只要是在同一個學校畢業，大家都會得到一樣的畢業證書。但技能樹是多維度的，不是把所有的人放在同一個標準中衡量。每個人可以探索出它自己想要發展的技能，這些技能從初階到高階，會長成一棵專屬於自己的技能樹。

有人問我，那麼作爲數位政委的技能樹長得怎樣呢？

我粗略地分成三項：主持的技能，轉譯的技能，記錄的技能。

主持的技能，是在擔任會議主持人的時候，確保參與會議的每一方都有收穫。轉譯的技能，意思是當我要進行溝通時，面對各種不同生命經驗、各種學習方式的朋友，確保對方能用比較親切的方式理解一件事情。

轉譯的技能，也包括看了一大疊東西之後，畫出簡報，以視覺來溝通，或是把別人說了很多的話，摘要一下。或是，如果我碰到習慣文字溝通的人時，如果要轉達的素材是影片，那麼，我就用口述影像的方式轉譯出去。

記錄的技能，是把每一次討論和主持的過程，透過直播、逐字稿留下紀錄，讓半途加入的人，也能知道先前完整的脈絡，而不是一次只看到一句，就產生情緒反應。所以，數位政委的技能樹，是一個「建立脈絡」的技術，這當中會各自再發展出相關技能樹的細節，但主要還是這三件事。

67 營造一個可以橫向連結的創新空間

一般人提到空間，想到的是一個「場所」。例如，我之前在社會創新中心有一個辦公室，這是一個場所。

這個場所如何對外聯繫，也是空間的一個特質。例如我在辦公室，運用雙向視訊，可以連結到高雄市。雖然這兩者實體距離很遠，但連上網路之後，就好像在隔壁一樣。

所以，空間的組成方法就有兩個元素：在哪裡（place，場所），以及人與這個場所如何聯繫（link）。

延伸來說，只要想到新的方法，把人和場所組織起來，就會創造一個新的空間。

例如，第一個在Twitter上面用#的人，就創造了一個新的空間。在二〇〇七年的時候，有個人叫做Chris Messina，參加了一個叫BarCamp的活動。後來他在發Twitter的時候，發明了一個想法，就是如果我們大家都把這個活動的名稱前面加了「#」，參與活動的人，就可以彼此聯絡起來。當然，只輸入活動名稱固然還是能夠搜尋，但同時會有許多不相干的訊息也跟著冒出來。只要加上#，就只有也加了#的其他人才會被橫向串連起來。因爲他用了不同的方式來使用Twitter，所以「#」就創造了新的橫向連結，創造了新的空間。這種用「#」開始的橫向連結，常常會爲組織帶來創新的能量。

因爲一般的組織都是垂直分工，分部門分組分科，你的同事也許有多種能力，但就只能在那一組裡面處理事情，所以我們不會知道他有哪些多樣的能力。如果能在組織裡創造橫向連結的空間，在這樣的空間裡可以拋出開放式的問題，或許能因而發現意想不到的能力也說不定。而且比起一對一地請教，被問的人完全沒有負擔，因爲想答就答，不回答也沒關係。

所以，這種Q&A的設定，可以在一個橫向連結的空間裡自動完成。

68 創新的主要關鍵在於「不下判斷」

當我聽到一個說法時，我不會先主觀決定這個是有用或無用，而是把它記下來。就像你發現一片拼圖的碎片，如果你覺得不完美，把它捨棄，那它就永遠無法跟別人拼在一起。

所以，創新的主要關鍵在於首先「不下判斷」。完全不下判斷地去閱讀、聆聽，把所有的訊息都當成材料，而不認為那是雜訊，我覺得是主要的技巧。

也許不能永遠不判斷，但連續30分鐘不下判斷，現在對我是很容易的事。

我的經驗是，在下判斷之前，先在眾多不同的解方中遊移，看看各自的創意，通常就會發現一個更好、更省力的方向。

如果急著去實作，一實作就會錨定在那裡，急著去做就比較沒有探索的餘裕。

在二〇二一年5月15日臺灣疫情爆發（當天新增185例）後，政府想要讓民眾能夠落實記錄足跡，以便與確診者的足跡比較，這樣一來，如果跟確診者在相同時段進入同一家店，可以聯絡大家提高警覺。

這種做法前年就有，被稱爲「實聯制」。店家們也都很願意配合，所以在店門口就準備了紙筆，希望大家在進入每個店家消費之前，可以留下聯絡資料，或者就用手機登入店家提供的google表單，或是下載app。

但是，如果是這麼快能想到的解方，就會有許多人想到類似的方法，後來就變成有很多表單和app。想像我們出門一趟，通常會停留好幾個地方，這樣就要重複寫下好幾次個資，對使用者並不方便。

而且，無論哪一種方式都很花時間，若是很多人擠在店家門口填資料，不但造成群聚，也容易讓自己的個資被別人一覽無遺。

意識到有這樣的問題時，公民黑客組織g0v的成員們就一起想了各種辦法。

臺灣疫情爆發那天，剛好是星期六，我在那個週末，在網路上參加許多關於實聯制的討論，都有一些道理。所以，我睡一覺起來就發現，這些概念可以組合在一起。

這整套系統不能說是我一個人想的，因爲沒有哪個創新是我發明的，但由我借重大家的智慧，整合成現在通用的簡訊實聯制，最後，在三天後的5月18日發布。

69 協作的魅力：與陌生人一起共創新事物

一般來說，「合作」（cooperation）是大家比較熟悉的經驗。合作是跟認識且信任的人一起創作，例如合作社、合作經濟、合作組織等。

但是，我現在比較常講「協作」。協作（collaborate）最特別的一點，是可以跟陌生人一起創作產生。

我至今最美好的創作經驗，都是透過協作，進行橫向的、特設的（ad hoc），因爲某個事件而浮現的聯盟，一起進行快閃的創作。這其中一起創作的許多人，眞的都是彼此之間互不謀面，也從來沒有聯絡過。

例如，在臺灣疫情變嚴重的時候，政府希望大家外出時，能夠在店家門口用紙筆留下自己的姓名和聯絡方式，這樣如果同一時間進出商店的人有人確診，就可以被通知到，進行自主健康管理。這稱爲「實聯制」。這是爲了防疫需求而做的事，大家都能理解。在各縣市討論因應方法的時候，不只是我在想辦法，民間做實聯制的工程師、設計師，也都在絞盡腦汁想同一個問題。有些人彼此並不認識，但我們在g0v社群中快速凝聚共識，最後花了三天做出簡訊實聯制，讓民眾用自己的手機，掃店家的QR code，三秒鐘就能記錄自己的足跡。

對我來說，這是非常美好的經驗！它的美好在於，參與這個協作的人，完成這個系統發想的人，有許多是我本來不認識的陌生人。

而這個協作要完成，也要仰賴每一個願意去刷簡訊實聯制的廣大民眾。雖然彼此可能都是陌生人，卻透過這樣的協作，大家共同建立起一個安心、省力的防疫網，保護了每一個參與協作的陌生人。

★協作（collaboration，小篆字體，排列方式和角度參考了甲骨文）

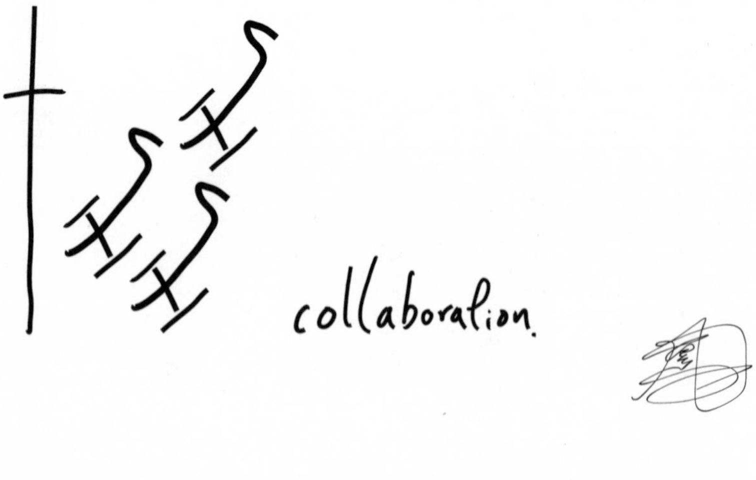

⑦⓪ 跟問題相處久一點，創意才有發芽點

簡訊實聯制的發想，是我想到政府眞的要通知確診者相關的訊息時，一定是先透過手機號碼，發簡訊聯絡那個民衆。因爲簡訊可以傳達到沒有電子郵件、甚至沒有行動網路的手機上，也可以克服數位落差的障礙。所以，就「以終爲始」，把這個訊息的終點當作聯絡資訊的起點，直接用簡訊作爲這整個流程主要的聯絡方式，捨棄用app或其他方法。如果是這樣，兩秒鐘就可以通知到該通知的人。

我的想法是：每個人用自己的手機發簡訊來達到認證，而這個認證可以跟店家實聯制的QR code結合在一起。每個商店或個人，都可以在一個公開的網站上，自己上網申請一個「場所代碼」的QR code，不用任何身分認證或店家營業執照。

店家把這個QR code放在店門口，客人進來之前，用手機掃一下QR code，這個進入店裡的訊息，就可以透過手機簡訊，自動發給臺灣的防疫專線一九二二代碼。全部的程

序，在幾秒鐘內就可以完成。

另一方面，讓大家主動留下訊息在自己信得過的電信業者，而不是政府全面監控大家的足跡，這也是保障大家隱私的方法。

這個看似簡單的程序，前面經過許多人的討論，到最後，我確定這樣可行，是因爲我很難再拿掉什麼步驟了，這是最安心、省力的方式。沒有辦法更簡單了。

這個創新不是發生在技術，技術並沒有什麼特別，而是要跳脫傳統上要「政府由上而下授權才能拿到場所代碼」這個程序。移除這個程序，就是這裡的創新。我後來決定，直接把申請代碼的網站放在網路上，任何人都可以自助申請，一個人申請20個場所代碼也沒關係。

因爲店家用手機就可以產生自己的QR code，不用營業登記或政府審核，所以就算流動攤商也可以申請，誰都可以幫忙你認識的店家申請，所有連鎖商店店長也可以不用透過總公司規劃，自己申請。短短幾天，就有上百萬店家、各類場所，自己上網下載場所QR code。

跟問題相處久一點，創意才有發芽點。以這次來說，解方發芽的時間是三天。雖然是彼此不認識的人之間的協作，但是，這也是建立在公民科技社群長久以來的互信基礎，以及全球一年多來和疫情相處的寶貴經驗上。

71 碰到憤怒的人，先同理他的憤怒

在我的辦公室裡，有時候我也會碰到憤怒的人。帶著憤怒來拜訪我的人，挫折感可能很深。所以，我一方面要肯定他的情緒，因爲他的憤怒可能是某些需求沒有滿足。另外，就是去理解，他的憤怒可能不是針對一個人的憤怒，而是針對一個不正義情況的憤怒。

對於這樣的人，我常回應的話是：「確實如此，我完全同意。」大部分在憤怒中的人，如果了解了，你認爲他對這個不公不義的憤怒是正確的，他得到支持，得到同仇敵愾的肯定，那個正面的部分就會開始出現，讓他從情緒高點轉換。這樣溝通的結果，通常都會變成，我們一起去想未來會有怎樣的情況，有哪些雙方可以調整，讓不公不義的情況減低。總之，放眼未來，一定有可以做的事。

⑦②跟別人不一致的時候，不是你的問題，也不是別人的問題

參與團體的時候，有時會碰到自己在群體裡，跟別人不一致的時候。這時候我們常會覺得，似乎有一方一定要調整吧。

但是，就我來看，跟別人不一致的時候，既不是你的問題，也不是對方的問題，而是可以把這個當作一個題目來討論。

比如，二〇一六年我開始進入內閣，擔任數位政委，所以在行政院有個辦公室。在這個辦公室的空間裡，我在接待客人的沙發區與人進行小型的討論時，需要用到投影，但在原來的空間裡，沙發區就是用來接待客人的，沒有可以投影的空間。

但我又不想因爲這樣，移駕到大型的會議室，用很正式的方式分享資訊。因爲這樣就少了隨興的氣氛，變得太過拘謹。

所以，我在一進駐這個辦公室的時候，就是請祕書處幫忙漆出一面可以投影的牆，讓這裡變成一個可以開會、錄影的多功能空間。這樣一來，需要調整的，不是行政院內的採購規則，也不是會議室的使用規則，而是只需要用容易感光的白色漆，重漆一面牆，讓投影的效果更好。

我用這看起來有點瑣碎的例子來說明，只要大家有共通的價值，通常就可以找到一個創新、而且不一定很花錢的方法，讓雙方都能滿足需求，找到解決的方案。

對院方來說，只要我提的這個需求，不是只有唐鳳能做，其他人都不行，那就有可能實現。所以在組織裡工作時，如果能與各方共創一個新的慣例，這就是創新。

73 有衝突，表示有創新的點子會發生

其實我滿喜歡衝突的，衝突表示有創新的點子會發生。如果沒有衝突，表示一切照舊（business as usual），昨天怎樣，今天還是怎樣。若是有衝突，就表示有新的需求，或是舊有的需求，用舊的方式已經沒有辦法滿足，需要有創新的方式。

二〇二一年八月的時候，有一個臺灣中學生對臺灣教育部的提案，進入了面對面討論的階段。

現在臺灣的國高中生大約是早上八點到校。在二〇二〇年十二月，有一位國中生在政府的公共政策網路參與平臺（下稱ＪＯＩＮ平臺）提案，認爲應該把「國高中上課時間改爲上午九點半到下午五點」，希望能延後到校上課的時間，讓學生睡飽一點。這個提案獲得超過五千人的聯署，依規定必須進入重新評估政策的流程，召開各方利益關係人的協作會議。

學生早上幾點到校，牽涉到的「利益關係人」不只是學生，還包括家長、學校老師、教育部等。但是，之前就各有贊成和反對的意見。例如，有贊成的人認爲，睡眠充足才能增加學習成果，但也有反對的人認爲，這樣家長接送不方便，學生自己根本無法管理時間，或是學校課綱內容教不完……等。

碰到這樣立場不同的協作會議，首要任務，就是要整理出不同立場的人，各自會有哪些支持和反對的理由。如此才能進一步得知，可以邀請誰來

★**粗略的共識**（rough consensus）／**進擊的程式**（running code）

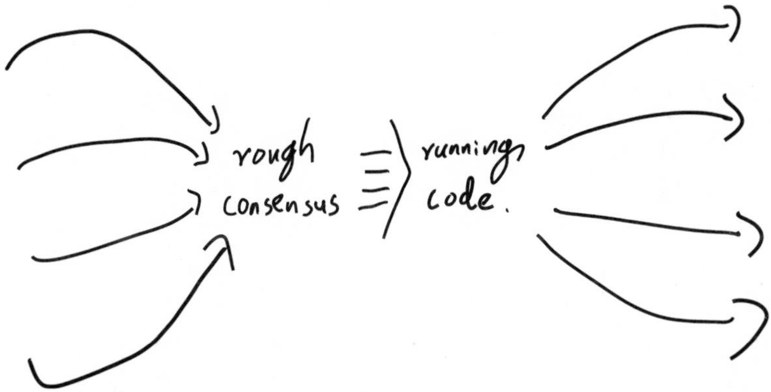

註：

經過討論後，達成粗略的共識，之後善用軟體程式工具來解決問題。

參與會議，以確保意見多元性。

進入到協作會議中，必須更進一步追問「核心問題」。即便大家各有本位、看法不同，但是否存在一個不同立場的人都認同的「基本共識」，或至少是無可否認的底線呢？舉例來說，所有人都不反對「讓學生的學習效率更好」，這就可以是核心問題。

以這樣的核心問題出發，各方從異中求同，這樣的會議才能夠有達成共識的可能，即使那個共識是「我不滿意但是可以接受」，也沒關係。只要有這樣「粗略的共識」，就有可能發展出為現實解套的方法。

74 解決衝突，最重要的能力是傾聽

兩方會有衝突，是因爲面對一個新的變動，會有某些人先受到影響，這些人會先看到變化中的事實，因此會覺得這件事很嚴重。但有些人可能還沒受到影響，就會無感。

但任何衝突，都可以從共同的經驗、共同的感受出發。只要一旦有共同的感受，這樣的共同價值就很容易形成。

以氣候變遷來說，一個原來對氣候變遷無感的人，如果有機會到一個被氣候變遷所影響的小島上，他立刻就會覺得，氣候變遷眞的很嚴重。

所以，面對衝突在進行溝通時，一定要有餘裕去傾聽。如果只說不聽，那就是在放話而已。先傾聽，把自己準備好。去傾聽我以前沒有、而你有的經驗，這樣，就能朝建立共識更往前進一步。

但是，造成衝突的事，不是每次都可以成功處理。造成衝突的事能夠解決，這是最好

的狀態，也就是說，眞的有一些創新的方案，可以解決後面的根本問題。

但是，更常見的情況是，那個根本的問題，以現在創新的狀況來說，是無解的。所以，我們現在能做的，可能就是如何因應，而不是如何解決。

如果是無解的，我們經過溝通，理解彼此的感受之後，最後達成的是接受和放下。

75 未來如何跟AI一起工作

我覺得AI很適合用在跨文化的互相理解，像機器翻譯、語音合成、語音識別這些領域。

每個人來做都一樣的部分，就會交給AI。在人跟機器之間，越靠近人，這段就不是AI做的，越靠近機器、資料，這段就是AI做的。

AI是輔助，是把人跟人連結在一起的。例如，我有戴眼鏡，如果跟另一位戴眼鏡的人聊天，眼鏡不會主宰談話的對象，而是幫助我們把對方看得更清楚。AI的角色，就是輔助使用者。這有點像動漫裡面哆啦A夢與大雄的關係，哆啦A夢代表的就是AI。

未來AI會對產業造成的最大不同，就是我們不再會覺得吃苦當吃補，不再把不合理的工作當作磨練。過於繁瑣的工作，未來可能就會交給AI。也就是去確認，哪些工作是真正帶給我們愉悅的，就由人來做。其他就不用由人來做。

例如生產線的組裝工作，通常是由人個別完成，比較不會需要人際互動，這個就可以交給ＡＩ。另一方面，即使飛機早已進步到「自動駕駛」階段，但機長這個工作卻沒有被淘汰，因爲當機器出事了，機長可以補救。律師事務所的ＡＩ可以幫助檢索，但最後檢索出來的結果，還是由人來運用。

但如果是設計師，要理解用戶的需求，想著要怎麼客製化，這牽涉到人跟人之間觀點的交融，就很難由ＡＩ來做。如果，每個人來做都不一樣的部分，也交給ＡＩ做，這樣才會有ＡＩ取代人類的問題。否則就不會。

⑯ AI讓人與人的連結變得更強

在某些領域，AI引起很多討論。例如，AI有沒有可能普及成爲心理諮商師？在這樣的領域中，要特別注意的，是AI有沒有爲當事人提供最佳利益的服務。例如，爲什麼我們願意把很多隱私告訴醫師或心理師？因爲，相信對方會爲了我們的最佳利益而服務、行動。至於AI是否也同樣値得信賴，就是必須好好看個仔細的。

要看出AI是在幫這個人，還是在主宰這個人，就要看AI能不能被他的使用者了解、客製化，或是使用者能不能修正AI的歧視、偏見（bias）。

如果隨時都可校正、調整AI，就像我們的眼鏡壞掉，隨時到巷口眼鏡行就可以修，或是自己拿個工具也可以修，這樣的AI就沒有問題。但如果這個AI不能修，而且隨時就跳出10秒廣告，當然，這AI就不是在幫你，而是在宰制你。

所以重點不是AI本身，而是它走向哪一個方向，是輔助你還是宰制你。但隨著

ＡＩ的普及，我相信未來一定會有配套的法律，可以用來保護個資、隱私和人們的權益。

我看到的未來是，ＡＩ幫助人們突破時間空間的限制，產生連結，本來無法共同創造的，可以一起創造。只要ＡＩ是處於連結人跟人的狀態，就沒有取代的問題，因爲ＡＩ發展得越強，人跟人的連結也越強。

⑦⑦ AI時代，不能只靠個人競爭力

人跟人之間需要獨特生命經驗的部分，是AI不能取代的。什麼叫做獨特？就是兩個不同的人來做，會有兩個不同的結果。如果有一件事情，兩個人來做會有同樣的結果，這個叫做冗事（trivial），那就是可以被自動化的。

所以談到未來個人的競爭力，如果是在同一個跑道上，你跟別人有相同的輸入，相同的輸出，你做得比別人快一點，成本比別人少一點，這樣其實就是工具人。

但如果是你自己轉個身，找到自己的跑道，這樣你就贏在起跑點，而且沒有人跟你跑同樣的方向。之後，你會發現，跟你可以一起去組隊打怪的朋友，就會一個一個出現。只要以共好的心情，與人溝通，不是把別人當作工具，而是我們雖然有各自的價值，但可以一起創造彼此的價值。匯集這樣的能力，透過這樣的素養，大家就可以一起組成合作社，或是NPO，這樣的實體，未來也可以在國際間有競爭力，這樣就不只是個人與個人之間的比較和競爭。

所以，在個人與個人之間，未來可以協同合作，在人跟ＡＩ之間，未來也只會協同合作。人與人之間協同合作後組成的團隊，才眞正擁有競爭力。那樣的競爭力，遠遠超過人與人之間的「個人競爭力」。

5 我的人生私抽屜

78 為典範再增幅

所謂的典範，可以說是，當我們碰到問題時，會想：「如果是某某人，他會怎麼做？」就像西方有一句話說：「What will Jesus do？」

在我們這一行（軟體工程師）的典範，有點不一樣。因爲我們這一行的大師，足以稱爲典範的那些人，例如Larry Wall或Richard Stallman，他們不但留下他們「如何看一件事情」的視角，也留下實踐的工具，不論是法律上的工具像copyleft、GPL，或是像程式領域的工具Patch、Perl等等。

這些都讓大家看到，碰到問題時，不只是去想要怎麼解決它，而是可以動手創造一個工具來解決。如此一來，我們親近這個典範時，就不用揣摩猜想，而是像《論語》中說的「學而時習之」，學會應用這個工具後，不斷練習這個工具，就可以了解它後面的精神。這樣，有個大家可以一起討論的人造物、技術物，我覺得這跟傳統上的人格典範，還是有點不一樣。

當前人留下數位工具時，等於這個人每天都是活的，我每天都可以跟他互動。而我面對前人的成果時，通常也不會照單全收，而是會在前人的基礎上「增幅」，加大加深這個成果或影響力，做出自己的貢獻。

79 碰到新朋友，我不會把他們分類

我這輩子幾乎全部的時間都住在臺灣，但我有很多國外的朋友，我是用網路取代馬路，用臺灣的經驗、故事，跟全世界交朋友。

曾經有一個臺灣很有名的電視主持人問我：「你有朋友嗎？」其實，我一直都很喜歡認識新朋友，就算是來自陌生的文化、環境也沒關係。

當我碰到不特定的人時，我也不會把他分類，而是當他分享他的經驗時，我會想有哪些跟我共通的地方。我也發現到，我越是這樣跟他互動，互動的品質就會越好。

朋友間的互動，可以調整到彼此最舒適的狀態。我不會強迫朋友用他不習慣的方式跟我相處。如果他只寫email，那麼寫email就可以跟我相處。如果他只願意講電話，講電話也可以跟我相處。如果他只願意寫共筆，寫共筆也可以跟我相處。

在網路群體中，最大的好處，就是可以用自己的節奏溝通，即使非同步也沒關係，可以用語音或打字，這很照顧到每個人多元的需求。

我把自己看成這個世界的一小塊拼圖，我的朋友們也彷彿是這世界的一小塊拼圖。我對朋友們理解越多，對這個世界的理解就越多。

80 對我來說，所謂的長期計畫，就是一天

對我來說，我的人生沒有長期的規劃，只有一天的規劃。如果有今天可以學到的事，今天能夠創作的事，我就今天做。如果今天眞的做不了，我也不會特別去想未來，因爲未來會怎樣，我眞的不知道。能不能活到那時候，我也不知道。

畢竟我心臟有致命疾病的狀態持續了12年，並不算短。所以，即使後來我接受手術了，看起來身體好轉了，但這樣不確定的心情，只是轉化，而不是消失。

一直以來，我設想人生的框架，時間軸是很短的。要不然就是當下，要不然就是當天。如果手邊有正在做的事，超過當天的，我就可以發表出來，讓別人去做，也不一定要我來做。所以，如果問我對未來有什麼期許，大概是我想要看到某些事情被完成。

對我來說，因爲我不一定活到明天，所以，我今天就放下它。這對我來說很容易，因爲我從小就養成「當下就放下」的習慣。

理性上，我大概知道明天醒得來。但感覺上，還是想要把今天學到的東西，在睡前發表出來，後來就眞的養成了這樣的習慣，在睡前把東西上傳、公開，這習慣從12歲到現在，意外地詮釋了「今日事今日畢」。

81 不只追求快樂，更想感受eudaimonia

有人問我，會不會對什麼事情上癮？我不是不會上癮，但是那些上癮的東西，對我來說，似乎比較是唾手可得的。

例如，我可以欣賞美食，但不會一直想要回去反覆品嘗。我也喜歡看漫畫。之前有人推薦我看《進擊的巨人》，我先看了最前面一點點，就先停住，然後決定在連載完畢以前，都忍住不去看。但它一畫完那個星期，我就花兩天熬夜看完。

所以，我還是會追劇看漫畫，但對我的生活不會造成太大的影響。因爲，睡不夠頂多就那一兩天，但是如果我每個月都要等連載，我就眞的沒有那個力氣。

如果說到讓我上癮的事物，好比我在睡前，一定要把白天在工作上訪談的錄影，在YouTube上轉成公開，這也可以說是一種上癮，或是執著（obsession），這已經是我的日常生活中很自然的一部分。所以，我如果時間多，就多做一些，時間少，稍微拖一下，也沒有眞的影響到誰的權益。我把這個當作玩樂，不需要等別人創作，也不需要拜託別人。一般人看到這個以爲是工作，但對我來說，翻譯、錄東西，都是令我開心的事。

在我的生活裡，所謂的快樂，分成好幾種：fun（當下的趣味）、happiness（一天的愉悅）、eudaimonia（更長時間的幸福）。Fun比較是即興的，一剎那覺得開心，是爲了瞬間的一個事件開心。Happy的那種快樂，可能可以持續一天。但eudaimonia是無欲無求，法喜充滿，是一種極深層的滿足。Eudaimonia是不用找樂子，也可以覺得很滿足，是一種知足的狀態。對我來說，只要睡夠、吃飽、有呼吸，就可以感受到eudaimonia。

★開心（fun）／快樂（happiness）／喜悅（eudaimonia）

82 在戀愛中，最重要的是要照顧好自己

我從自己過去的戀愛經驗裡學習到的事就是，在戀愛中首先要照顧好自己。什麼叫做「照顧好自己」呢？就是讓自己的身體和心靈，處於健康和滿足的狀態。在心理學上有更具體的提到，每個人每天應對這個世界的人事物，仰賴的是十一種趨吉避凶的心理能力（稱爲自我功能，ego function），其中包括了檢驗眞實的能力，能分辨危險的判斷力，維持人際關係的能力，準確的自我評價，以及，處理焦慮的能力等等。

如果能照顧好自己，盡量讓所有的自我功能都能正常運作，在親密關係中，就會有餘力來分享、關心對方，這樣的關係，是成長而且正向的。但是，如果沒有照顧好自己，一定要對方來照顧你，這樣就會變成是需索而不是分享。

要如何讓自我功能保持在良好的狀態呢？我的經驗就是要睡滿八小時，這眞的很重要。自我功能失靈的時候，我們的傾聽能力、判斷力都會出問題，或是只能透過抱怨，讓

別人知道這是一件重要的事。

因爲沒有睡夠而欠缺的自我功能，我們會要求對方來塡補，但人畢竟不是眞的有讀心術，所以，對方能夠幫忙塡補的，也是很有限的。如果持續這樣，大概也沒有人可以全面照顧另一個人。

這並不是說，一個人不可以有狀況不好的時候，但是，過一兩天可能就要恢復了。如果一直沒有恢復，親密關係就會變成單向的需索，大概很難維持下去。

但如果有睡夠，自我功能已經回復，事情通常會有轉機。

83 長輩不想被年輕人強迫改變

年輕人面對長輩，如果一直強調世代的差距，這樣就沒救了。但如果強調共同點，雙方就會有溝通的基礎。

所有年長的人，都有年輕時的記憶，所以跟年輕人還是有共通經驗。年長的人可以想一想，自己年輕時面對長輩的狀況，大概就可以多點理解。這種回溯時空的能力，是年輕人所不具備的。

每一個世代，除了工具的進步，一定會破壞某些制度。但數位科技也是具有包容性的。

例如，以閱讀書本來說，有些長輩習慣看直書，年輕人不用要求長輩一定要改看橫書。如果手上拿的是電子書，可以跟他示範，你看，只要按一個鍵就可以從橫書變成直書喔。這種數位工具的靈活性，年輕人可以主動說明，只要學過一次之後，長輩就可以理解。

長輩也知道，現在不可能回到以前的時代，但他只是需要被尊重，不希望被強迫改變，而是要有選擇。因爲數位科技應該要包容各個世代，所以，沒有人需要覺得被犧牲。如果長輩可以講得出他的需求，或是年輕人可以直接問：「你習慣怎麼做呢？」這樣就可以共同創造最後的成果。

㊽ 不用急著解決很困難的事

如果想要在短期內解決一件困難的事，想要短期跟它決戰，如此一來，一旦輸了就會碰到挫折。一旦急著去改變什麼，只要一有心急的感覺，覺得「怎麼還沒有……」，這個念頭一升起來，當下就是挫折。

所以，當有這樣的念頭出現時，不要急著去判斷，把這個也當成一種創作，但不要真的期待自己在很短的時間內，就要有結果。如果願意跟它長期相處，把現在這些困難當作陪練伙伴，相處個10年，就不會有挫折。

挫折是來自於我們對這件事情的輕重緩急，有多急躁，就有多挫折。如果完全不急躁，就不可能有挫折。就像聯合國的永續發展目標，如果想要馬上解決，一定很挫折。如果是以10年後的二〇三三年，設想那時要解決到什麼程度，那就還好。

有時，這個進展也不必在我。如果有一個人急躁，他不見得看得到別人的進展，他不會有時間去等其他人解決這個問題，他就是要自己來。當然一個人時間有限，這樣一定會挫折。

有時我會想，對我來說，有些現在看起來很困難的事，10年20年之後有解方就可以，不一定要是我啊，總是會解決的。

85 把情緒化成創作的能力

日常生活中，我們每天都會感受到自己的情緒。可以常常練習跟自己的情緒對話，讓自己當下的感受表達出來。不管是用講的、寫日記、畫畫、跳舞，都是很好的，這樣可以讓自己看到內在的狀態。但也不一定要挑哪種特定的方法，每一個人就挑自己習慣或喜歡的創作媒材，把情緒化成創作的能力。我們把情緒變成作品的過程，就是跟情緒相處的一種方法。

有些負面情緒長期積累之後，有時會讓人做出傷害自己的事。該怎麼辦？我小學二年級的時候，因爲不喜歡學校的競爭方式，曾經有想要自殺的念頭。後來國中時，因爲懷疑學校的學習內容是否眞的對自己的人生有幫助，也陷入困惑。這兩次，我採取了不同的方式來處理。

國小二年級時，我採取的是「休眠」，直接從學校休學。國中的時候，我採取的是

「更換另一套作業系統」，我跑到烏來泰雅族部落的小屋裡，去待了一陣子，去感受另一個社群與我們不同的人生觀和價值觀，轉換一個環境之後，我本來覺得很在意的，或者很痛苦的，好像就沒有那麼在意了，可以從新的角度來看世界。

86 有多少貢獻，就有多少影響力，跟年紀無關

在《論語》中，孔子提到一個人成熟的歷程是「三十而立，四十而不惑，五十而知天命」。意思是人在30歲的時候，要能成家立業，40歲的時候，要能沒有困惑地面對世界，50歲的時候，要能夠知道自己這一生的使命。

但我看到的是，一個人成熟的歷程，主要還是看他所在的社會如何期待他。如果一個社會期待每一個人在40歲的時候，都要和30歲時不同，那麼人們自然會表現得不同。

在我所處的黑客圈，特別不注重年齡。重視的是對這個領域的貢獻，有多少貢獻，就有多少影響力，跟年紀無關。這樣的情況下，自然就沒有那種社會壓力說，我在幾歲的時候，要有不同的自我期許。

心理學家艾瑞克森（Erik Erikson）也對人生的幾個階段提出自己的說法，例如分成童年、青少年、成人、老年人等等。但如果回顧我自己的歷程，我第一次的青春期是10幾

歲的時候，20幾歲跨性別之後，出現了第二次青春期。在這兩次青春期後，可能因爲我還沒有到更年期（笑），似乎青春期就一直延續到現在。

青春期的好處，就是可以自由地交朋友，不會太在意對方的年齡。我看到其他黑客圈的朋友，也大概如此。

比如德高望重的Richard Stallman（自由軟體運動領袖）比我大28歲，前陣子他想要跟我交朋友，就直接寫了email給我，我們就可以直接透過email聯絡，他不太在意我幾歲，我也不太在意他幾歲。

雖然現在有很多線上的聯絡方式，我還是喜歡用email聯絡，我覺得email是最平等、自由的聯絡方式。想到就可以寫，對方有空再回，對方也不會知道你幾歲。當年我13歲時，發了email給國外的教授請教問題，對方也不知道我幾歲，就邀請我一起做研究。所以，可以說是email讓我一下子進入成熟的研究者的世界。

在網路的世界裡，孔子或艾瑞克森所說的不同人生階段的社會性角色或是特性，比較不明顯，因此可以更加自由自在地貢獻於社會。

㊇ 我們都是彼此的轉世

在某些宗教中，會提到「轉世」的概念。也就是人死後再次得到新的肉體，重新再投胎到這個世界。我的體會是，假設有轉世，我們都是彼此的轉世。對我來說，轉世不一定是隨著時間意識往後，發生在未來；也可以是往前追溯的，發生在過去；甚至可以發生在當下。不管我們現在一起經歷什麼，最後，你的意識會從我的角度來看，我的意識會從你的角度來看，我們是共同存在的意識。

「我們都是彼此的轉世」，這是我在二〇一〇年時，在網路論壇上看到的說法。後來，我發現這個比喻非常好用。

爲什麼好用呢？是因爲它很有效的把人際互動直接轉入信仰的狀態，把信仰召喚出來，而不需要除了我們兩個之外的其他人或事（神或律法）。關於我們兩個之間的互動本身，就可以互爲主體。其實，說不定是同一個主體，只是目前暫時先體驗這邊，再體驗那邊。

就像是，如果我的注意力先專注在視覺上，就會有點聽不到旁邊的聲音。但是，如果我的眼睛閉起來，又聽到旁邊的聲音了。但是我並不會覺得，我的眼睛是一個獨立的個體，耳朵又是另一個獨立的個體。我會說，我的注意力從眼睛移到耳朵。

「我們是彼此的轉世」有點像這樣。所以，我跟任何人在互動的時候，我已經由他的角度在看我，就像他也已經從我的角度在看他。這件事很難用文字來解釋，但如果一定要用文字來解釋，可以說是，如果在我與別人交流的過程中，有那麼一瞬間，我登出我自己（暫離這個世界）之後，用對方的角度看待我自己，再重新登入進來，繼續面對同一個人，同一個場景，但我已經可以從對方的角度來觀看眼前的一切了。

這樣的感覺，我覺得應該是透過在網路上不斷與人連結的經驗，而產生的。當我們站在對方的角度，和他人在網路上連結時，彼此就像是一面互相轉世、一面形塑出共同存在的意識。不光是和當下正面對的對象才這樣，也可以是過去的任何一個對象。

也就是說，在網路上連結，就是在融入到共存意識當中。

⑱ 經典也能用來解釋當今的世界

老子《道德經》雖然是古代的著作，卻被翻譯成許多國語言，被許多歐美學者研究。原因是書裡說的道理，比較像數學或邏輯的規律，有些字句凝鍊如同詩句，所以，即使直到現在，還是可以用來解讀我們所處的世界。

例如，老子的人生智慧裡，有提到「三寶」：「一曰慈；二曰儉；三曰不敢爲天下先」。

「慈」是尊重生命，照顧好自己的生命，也盡量照顧到衆生（其他的生命）。「儉」是減少欲望，不耗用不必要的資源。「不敢爲天下先」，是「不爭」，意思是不需要和其他人競爭，也能做成自己想要完成的事。

另外，老子也提到：「知其榮，守其辱，爲天下谷」。意思是說，雖然也知道有更加醒目的人生之道，卻能安於低調的生活。

在整本《道德經》裡，不推崇高山的成就，反而常常提到低谷。正因爲過著低調的生活，才得活用周遭的人脈成其道。所謂的道，是老子心目中世界的樣貌。一旦逆道而活，那凡事都不會順利。「谷」不只意味著地形的低處，也意味著待人處事的謙卑。

老子的哲學，在人生最基本的生存之道上，對我很大的影響是，即使現在我身處數位時代之中，每天接收到瞬息萬變的訊息，我仍然盡可能不要太快下判斷、盡可能去同理其他人，而不是覺得自己什麼都知道。不僅是對其他人謙卑，對大自然也保持謙卑。

89 網路是一個近似老子的世界

我年輕時參與過網際網路工程組（Internet Engineering Task Force，IETF，制定網際網路標準的非營利組織），這是一個國際的網路社群，由志願者組成，以平等和公開的方式，討論網際網路各項標準及協議。

如果去看IETF給新手的指南，這份指南的標題就叫做IETF之道（The Tao of IETF），與老子所用的「道」（Tao）是同一個字。

這份新手指南中，列出了社群中的溝通原則和形式，但也特別說明，這些都不是正式的規範，而是從過去的經驗中，經過驗證，至今認為可以應用的實作方法。

為什麼要把這樣的新手指南稱為「道」呢？指南中說，「Tao」是老子思想的基本原則。在老子哲學中，認為宇宙是一個有機體，而人類是宇宙整體中相互依存的部分。Tao有時被翻譯為「道（the way）」，但根據老子的《道德經》，Tao這個詞的真正含義，無法用語言表達（註：這裡是指經文中所說的「道可道，非常道」）。

也許，「道」的宇宙觀跟網際網路的世界觀，確實有互相感應的地方吧？

⑨⓪ 成為這世界的溪流

曾經有人問我，老子在《道德經》第28章中提到的：「知其雄，守其雌，爲天下谿（同「溪」字，山間的河流）」，是否影響了我跨越性別的想法？因爲一般認爲「雌」是女性意思。

《老子》有許多解釋的版本。在衆多版本中，我最常使用的就是美國作家勒瑰恩（Ursula K. Le Guin）的譯本，我認爲她的翻譯最大程度地保留了詩的感覺。

第28章的「守其雌」，如果連同後面的句子一起看，加上「爲天下谿，常德不離，復歸於嬰兒」，整段話的意思是：「持守恆常的德性，如同返回嬰兒初生的樣貌」。

而「爲天下谿」，如果要更完整精確地說，也可以參考第10章所提出的一連串問題：例如，能不能維持深度，以沉澱雜質、反映無瑕的影像？能不能關愛百姓、治理社稷，而不倚賴自身的知識？

（註：原文爲「滌除玄覽，能無疵乎？愛民治國，能無知乎？」）

上面的提問之後，接續的這一句，提到「天門開闔，能爲雌乎？」意思是在時機到來或消失時，能不能保持沉靜而不躁動？勒瑰恩把「雌」翻譯成「a bird with her nestlings」（與巢同在的雌鳥），我覺得是更有詩意的。

91 哲學是我思考的導航系統

我從小讀過一些東西方哲學家的作品。如果要問，在什麼時候，哲學的訓練會在我的人生中發揮作用？我覺得是，當我面對新的狀態，我原來想事情的方式好像無法對應了、無法理解了，我陷入迷宮了。

困惑的、混沌不明的感覺出現時，就像處在一個啓蒙的「蒙」的狀態時，並不是我去想它，就會頓悟。而是，我要運用一套思想的習慣，一套練習的方法，跟自己相處，進行反思。這時候，運用這些方法，讓我原來卡住的思路先放在旁邊，能夠去融合新的狀態，到最後產生新的理解。我覺得這不是「頓悟」的那種領悟，而是一種「產生新的理解」的練習方式。

在思考混沌的時候，哲學是一套練習，只要用這樣的方式，來運轉我的思路，慢慢就走通了。所以，對我來說，它像是一種導航的技巧，時常可以練習。

對於東西方的哲學，我不太會去分流派。只要我覺得可以用就用，我也不會特別覺得，某一個情況，一定只能用某種方式來解釋。

所以，其實這有點像是工程師的實用態度。例如，現在要造一座橋，我手邊有這些材料、那些材料，我沒有管它原來是哪裡開採的，或是哪裡拆下來的東西，我反正就把這些材料都用上，最後河面上會有一座橋，這才是重點。

但哲學的訓練在人生中是必要的嗎？我覺得也不是。就像要欣賞音樂，不一定要會演奏樂器，有時哼一下曲子也開心。或是像DJ那種選曲的能力，只要找到符合心情的歌單，最後也可以達到類似的結果。所以，對每個人來說，只要在思考混沌時，能夠有解套的方法就好，也未必要稱作「哲學」吧。

⑨② 如果你能穿越時空，回到過去，會跟哪位哲學家變成朋友呢？

大概都會吧！如果是我到他們的時代，我會把自己當成一個載體，放到什麼地方，我就以那裡的經驗爲題目來探索。但我不覺得我會改變那個時代，那邊有什麼就仍然會是什麼。

另一個我會感興趣的，是那些沒有被文字記下來的東西。因爲寫下來的，我們今天都知道了。沒有被寫下來的，絕大部分都不在了。所以，我想這會是個謎。

93 這世界上沒有不值得活的人生

有人曾經問我：「你覺得怎樣才是值得活的人生？」面對這樣的問題，我應該會反過來問：「怎樣才是不值得活的人生？」

但是，在我這裡，似乎沒有「不值得活」這個問題。因爲，如果我在人生中，在意的是與別人的「共同經驗」，那麼，我每一秒都會產生新的經驗，而且，即使這個經驗是很不舒服的，那也表示，我可以更容易地跟有類似不舒服經驗的人溝通。這樣等於就是，每一刻的經驗都是完整的。所以，如果我今天很不舒服，我會覺得，這一天不舒服的經驗，可以讓我在未來碰到類似經驗的人時，知道怎麼跟他說話了。

所以，如果以「創造與別人最大的共同經驗」來看，沒有什麼樣的人生，是不值得活的。

⑭ 面對它、接受它、處理它、放下它

在17歲時，我跟著父親去過西藏及尼泊爾，觀察過當地僧侶的日常生活。我還記得，當時看他們有針對經典辯論的傳統，叫做「辯經」。

僧侶們不只是要熟背經典，而且要以經文互相挑戰、辯論，活用自己對經文的理解。所以，即使是對於歷史悠久的經典，僧侶們依然可以依據自己的理解來詮釋、活用經典，而不只是死背字句。我對這樣的場景印象十分深刻。

後來，擔任數位政委之後，有一次到臺灣知名的佛教團體法鼓山演講，當時，接待我的師父，送給我一張聖嚴法師（創辦人）的墨寶，上面寫著：「面對它、接受它、處理它、放下它」。這12個字說的是，在人生中遇到的挑戰，不逃避閃躲（面對它），承認這個困難確實存在，是人生的一部分（接受它），然後想出應變的方法（處理它），付諸行動之後，就不要在意這件事的成敗（放下它）。

雖然這12個字是聖嚴法師傳承的珍貴智慧，但是，嚴格地說，這也不是佛教專屬的概念。所以，如果有人把「面對它、接受它、處理它、放下它」當成一種人生的信仰，這樣的信仰就會具有力量。

95 即使不信宗教，也可以有信仰

有人問我：「你有宗教信仰嗎？」我不是信徒，但我處於「有信仰」的狀態。

「有信仰」是一個狀態，不一定需要跟宗教連結。如果進入有信仰的狀態，在很需要力量的時候，就會有力量。如果是具有信仰或信念，感覺就不是自己面對所有的問題，不只是靠個人的能力、才能來面對問題。

我覺得信仰就是個狀態，在沒有進入那個狀態的情況之下，那就可能沒有辦法面對、接受、處理，當然就更沒有辦法放下，但是如果進入那個信仰的狀態，本來看起來很難面對、接受，都變得很容易，可見不管信仰什麼，重點是進入信仰的狀態。

我的意思是，任何宗教都要解決的一件事，就是「不要找自己麻煩」。雖然解決的方法不一樣，但是最後的目的，就是如此。只要不找自己麻煩，也就不會找別人麻煩。

96 面對霸凌，最重要是要先喜歡自己

我小學二年級的時候，曾經有被同學霸凌的經驗。班上有一個常常考第二名的同學非常恨我，曾經對我說：「如果你死了，我就是班上的第一名了！」

爲了要了解同學爲何要霸凌我，我就去看了很多兒童心理學的書，因此知道，我那位同學的家長可能給他很多「要考第一名」的壓力，而這又跟家長本身的成長環境有關。這樣一連串的理解之後，我就知道，這是結構造成的一個病徵。不是因爲我同學本人很壞。

後來參與教育改革時，這樣的經驗幫助我能夠討論，如何讓學校從原本不健康的比較，改善到一個更好的制度，避免教室裡的霸凌。當我的注意力放在這裡，就比較不會爲過去的經驗所盤據。當初如果我的注意力放在特定的人或家庭，想著要報復，結果可能就會很不一樣。

我也鼓勵曾經遭受霸凌的人，把霸凌的狀況，當作一個公開討論的議題，讓整個社會一起來想，未來要怎麼預防這樣的狀況。

有一次跟日本福島的中學生對談，有一位同學跟我分享，那時家鄉在重建，他離開家鄉去外地念書，他遇到的同學跟老師，都曾經說他身上有輻射線。這並不是一個從科學驗證的事實，而是歧視。但他願意在全國的電視上，跟唐鳳討論這件事，把自己的狀況讓更多人知道，大家一起來討論，到底有哪些更好的做法，這樣就是一個正向的議題。

我也告訴他，即使面對霸凌，最重要的，還是要先喜歡自己。

全世界在疫情中的時候，這種不確定、焦慮感，到底要怎麼度過，怎麼克服？福島的大家在10年前就已經有經驗。染疫的人如果康復，說不定也有人不想靠他太近，所以，福島的朋友，在過去10年，到底如何從過去這種經驗走出來，一一克服難關，這樣的寶貴體驗，可以幫到現在的每一個人。對這名福島的中學生來說，他是一個先行者，可以分享自己的經驗，幫助有需要的人，這是一個足以喜歡自己的、很好的理由。

97 所謂的喜歡自己，就是隨時能和自己當朋友

在人生中，我也思考過要如何「喜歡自己」。「喜歡自己」就是「沒有別人在場時，還是可以跟自己當朋友」。

有些人做了違反自己價值的事，例如偷了東西，也許並不是別人會對他怎樣（說不定別人根本不知道），而是，就像我們不去偷東西，不是因爲怕被人發現，而是，沒有人想要每天跟小偷在一個屋簷下。我說的「喜歡自己」，比較是這樣的想法。

98 我死了之後，隨便別人怎麼談論我

我不在意自己死後，別人怎麼評價我。一切隨意。因爲我活著的時候，就已經隨便別人說了。

我在網路上的所有照片或上傳的資料，都可以讓大家做各種運用。我拋棄著作權這件事，在法律上的意義，就是把自己當作已經死了很多年（笑）。

99 我的墓誌銘，就是全形空白

我的墓誌銘，就是全形空白，類似空白畫布，其他人可以隨便怎麼創作。如果看到一張白板上寫滿了字，大家大概不會想要再寫些什麼，有點像是蓋棺論定。但如果是空白，感覺別人還可以寫很多東西。這也符合我在人生中實踐「開放、共創」的價值。

★全形空白（fullwidth space）

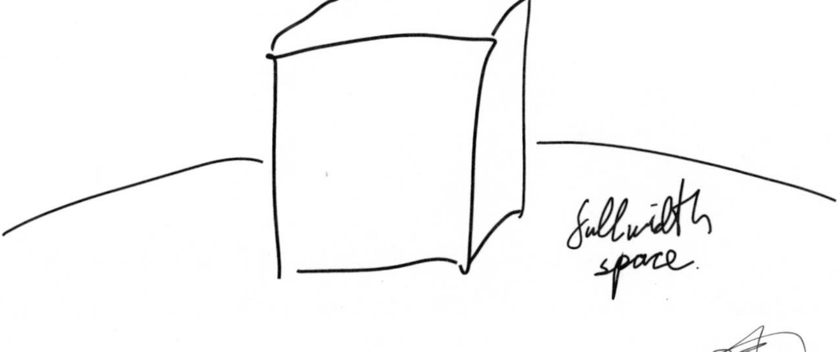

附錄：
唐鳳與東京大學問答集（節錄）

本文取材自二〇二一年九月，唐鳳與東京大學參與全球領袖計畫（Global Leader Program）學生的全英文線上對談。

★如果要杜絕假資訊，社交媒體（例如facebook / twitter）應扮演什麼角色？

這個問題就像在問：如果要防止有害的噪音，夜店或舞廳的業主應該扮演什麼角色，對嗎？因爲，這兩個問題的結構很像，所以，可以從三方面來回答。

首先是顧客。當然，有一個夜生活的去處，在生活中有娛樂是不錯的。但如果那個地方對附近居民造成噪音，顧客可以選擇要不要去那個夜店。顧客可以選擇去一個不會被當地居民抗議的地方。

其次是經營者。業主和經營者可以投資相關的隔音設備，這樣，即使夜店裡面很吵，也不會吵到鄰居等等。這當然是値得投資的。

最後，國家也需要制定一個普遍可以接受的最低噪音標準，並且有一個獨立的審查單位，例如，由社區委員會或市政府進行審查。如果有業者超標，就會被罰款。

在臺灣，這些跟環境有關的罰款，主要是由地方政府處理。這裡的重點不是要業者關店，而是針對環境的污染，需要有可行的替代方案。這也讓所有的顧客看到，其實可以在不造成污染的情況下，享受樂趣。

在臺灣，有一個對抗假訊息的自律機構，這是介於政府和企業間的第三方機構（社會部門），這個機構擬定了一個協議，許多社交媒體都簽署了這個協議。

第一個簽署的是PTT。PTT是臺灣最大的BBS站，常被稱爲臺灣的Reddit。但跟Reddit不同的是，在過去25年中，這是由國立臺灣大學資助的社交平臺，以開放程式碼運作，站內沒有廣告商，也沒有股東，所以不會有任何不正當的利益。

通常推送有害的假資訊，是爲了吸引點擊率或賺取廣告費，但因爲PTT並不鼓勵這種事情，因此，他們首先簽署了協定，並延伸協定中的精神，在自己的社群中實驗，做出許多創新設計，實踐「激進透明」的精神，爲協議做出了有意義的貢獻。

例如，在選舉期間，人們應該要可以看到其他社交平臺上，所有的付費贊助資訊來自誰，因爲法律限制付費贊助只能來自國內，不能是國外。另外，所有付費贊助的資訊，也應該要被追蹤，這訊息接觸了多少人等等。後來預防假訊息的自律機構，對這些訊息的流動，制定了標準，基於這個標準，社會部門可以跟Facebook說，你看，很明顯的，這是可行的做法，因爲PTT已經用你營運費用的一小部分經費就做到了。

如果Facebook不想實施同樣的「激進透明」做法，那麼他們會面對社會的制裁，也就是說，人們會拒絕在那裡發布廣告。這就是爲什麼在二〇一九年，臺灣成爲Facebook在全球以這種方式運作「激進透明」的第一個地方，這要感謝來自社會部門給Facebook的壓力，而不是因爲我們通過了任何國家層面的法律。

如果看看菸草業、酒業，以及許多其他具有外部成本（即企業獲利意味著社會要付出某種代價）的行業，我們會看到一個非常類似的模式：社會部門率先建立了規範，而政府（公共部門）只是放大了這種對規範的要求。我們也從一些具有良知的企業主、社會企業家那裡看到，在賺取利潤的同時，也可以照顧到大眾的利益。

★您這麼年輕，在政府裡擔任部長是怎樣的感覺？有哪些優勢或劣勢呢？

我現在已經四十歲了，算是中年人，不算年輕了（笑）。但如果要談談我這個年紀在政府裡工作的優勢和劣勢，我認爲自己這個年紀，剛好可以居中溝通年輕人和長輩。我常常說自己是數位移民，而不是數位原住民。因爲我出生後還是用過紙和筆，直到12歲時發現了網路的世界，並且決定移民過去。

因爲這樣，我還保有年長世代的語彙，但也理解網路世界的文化、創新方式，所以能夠溝通兩邊。我想這可能是優點吧（笑）！

至於劣勢，可能跟日本或韓國這些東亞國家一樣，整個社會有敬老的風氣。所以，當組織裡的長輩或資深的人，提出一個他們自認很好的想法時，年輕人可能很難當面反駁。所以，如何讓組織裡的年輕人跟資深的人有對等的聲音，尤其在討論議題時，需要各方利益關係人表達意見時，特別要讓年輕人有可以發言的位置。

所以我進入內閣後，就延攬年輕人成立青年諮詢委員會，這就像是內閣的顧問，讓年輕人有一個可以針對內閣事務發言的位置。因爲他們有「青年諮詢委員」這樣的職稱，所以即使是19歲或21歲的年輕人，他們的意見還是會被傾聽，因爲他們有一個可以發言的職稱，會受到大家的尊重。

所以我建議，在組織裡可以為年輕人發明職稱（title），讓這些年輕人有機會擔任政府的反向顧問（reverse mentor，由年輕人擔任資深工作者的顧問），在討論重大議題時發聲。只要有了適當的職稱，那麼年長者就會改用「同儕模式」而不是用「前輩模式」，以比較平等的方式，跟年輕人溝通。

★如何讓不懂科技的人參與開放式創新？

其實很簡單，就是直接去找他們問：如果你是我，你會怎麼做？

我每隔一週會打電話給我奶奶，每隔一週去看她。她現在快90歲了，對所有正在發生的創新，都有很多話要說。

例如，之前臺灣在進行口罩配給時，我本來有一個想法是，與其讓老人家在藥局前面辛苦地排隊買口罩，不如讓老人家走進超商，在ATM（自動櫃員機）機器上，用他們的提款卡購買。如果在便利商店，他們只要插入提款卡，輸入密碼，進入自己的帳戶，把52元新臺幣的口罩費用，匯入臺灣疾管署（CDC）的帳戶，然後憑這個ATM列印出來的繳費證明，他們就可以在便利商店的櫃檯領取預先登記的口罩，這樣就不用再排隊了。我當時認為這是個好主意。

即便如此，我們還是進行焦點小組的測試（focus group tests）。我奶奶在疫情前，家裡就常備口罩，所以，她並沒有親自去藥局排隊領取口罩。但她有「比較年輕」的朋友，每週都去藥局排隊，她說這些去排隊的年輕朋友，有很多怨言。

結果，我就跟奶奶的年輕朋友楊奶奶，實際去全家便利商店的ATM試一次。楊奶奶已經77歲了，從我的角度看不算年輕，但從我奶奶的角度看，肯定是年輕的（笑）。所以，我陪著楊奶奶試過一次口罩訂購的流程之後，她跟我說，她絕對不會用這樣的方式領口罩。

我就問：「爲什麼呢？這樣明明更方便。」她說：「你看到ATM機器上的反詐騙貼紙了嗎？如果我一不小心操作失誤，那麼我可能就會把我的全部積蓄都匯出去，我就沒辦法把錢要回來了。或者，如果在我後面排隊的人，偷偷記住了我的密碼，我也可能被騙。」所以，她非常抗拒去操作ATM機器，因爲過去臺灣很多詐騙案都是跟ATM有關。總之，ATM讓她直接聯想到詐騙。所以，她說：「如果你強迫我使用ATM，我寧願到藥局排隊，然後繼續抱怨政府。」

我想：「好吧！」所以，後來我們就改變了做法，變成一個不那麼先進，但卻讓她更安心的流程。

新的做法是，她去便利商店，就跟去藥局一樣，使用健保卡，而不是提款卡預約，所以，她不需要用到取款密碼。但是因爲健保卡不能付款，所以，她預約完畢後，把憑證列印出來，再到超商的櫃檯，付清52元。這樣的流程讓她覺得很安全，因爲，任何人都不可能騙走她口袋裡的任何一毛錢。

當然，楊奶奶仍然可以選擇使用電子支付，但她相信硬幣，所以我們不應該強迫她使用電子支付。

我從這裡學到的一課就是，如果我堅持想要推動一個對大多數人來說，都更爲省力的做法，但是，卻有少數的年長者覺得不安心，那麼，這樣的汰舊換新，會讓年長者因爲不喜歡被強迫改變，不得不爲自己強力發聲，而他們的聲量，也會讓其他人對這個新系統不信任，最後，這個創新就行不通了。

相反地，我們需要在推出創新做法之前，傾聽、考慮各方的意見，並確保他們的所有回饋，都得到及時的回應。所以，我非常感謝楊奶奶的意見。當時，我和她在便利商店還一起合照，她跟我一起見證了這個創新。後來，我想楊奶奶也教會了更多年輕的朋友（比如66歲的），用新的方法來預訂口罩（笑）。

因此，只要去找長者，邀請他們參與，他們可以貢獻很多智慧。有這樣的參與感之後，長者也會幫忙說服自己的朋友和鄰居，因爲，他們通常是社區裡的關鍵意見領袖。

★對於有志成爲未來領導人的學生，您有什麼建議呢？對於像您這樣的領導者來說，什麼樣的特質是最重要的？

我認爲領導力就是確保有一個「省力」和「安心」的創新空間。我11歲時，跟著家人到德國旅居一年，那時我發現德國的高速公路系統（Autobahn）沒有速限，背後的設計邏輯，似乎就是兼顧「省力」與「安心」。

那時聽媽媽解釋說，這樣的高速公路系統，有這樣兼顧「省力」與「安心」的設計理念之後，汽車爲此而設計，交通標誌爲此而設計，要考到駕照需要很嚴格的訓練。但當所有的交通規則、規範和司機的習慣，都保持一致，高速公路即使沒有速限，仍然安全。

我相信對於領導者來說，最重要的是促進快速的創新。臉書創辦人祖克伯的名言是：「快速行動，打破陳規」（moving fast and break things，直譯是快速移動，打破東西），雖然他現在也不這麼說了。但與其說是快速移動、打破東西，我們更需要「快速移動」和「修復東西」，讓世界變得更安全。

這樣一來，「安全」變成是在創新的週期中，快速互動的結果。在我們建立的創新週期裡，可以設計一個即時回饋，以便像楊奶奶或像藥局藥劑師這樣的人，可指出系統中的缺陷，資料中的偏差等等，並且建議一個更好的方法。而我們在聽到意見後，就再迅速地調整，然後持續進行這樣的流程。

一旦建立了這樣快速的回饋系統，最後，就會達成「風險較小，而且容易修正錯誤」的結果。這樣，參與的每個人都會樂於繼續參與，或至少可以接受這樣的成果。

一旦達到這樣的境界，人們也許就不會再稱你爲「領導者」了。人們會想，事情本應如此，就像道家說的「我自然」，不是嗎？但我相信這正是領導力達到巔峰的狀態，因爲，你可以用更有創造性的方式來貢獻你的時間，而不是像保母一樣照顧別人。

★您爲什麼決定進入政府工作？

我在政府工作是爲了樂趣，這是一個有趣的工作。

關於我在政府中的角色，我可以做個比喻。我定位我的位置在拉格朗日點（Lagrangian point），也就是月球和地球之間的那個點，在那裡，對兩端具有相等的引力，所以，我最終不會圍繞任何一方運行。通信衛星通常處於這個位置，因爲這裡可以傳遞資訊，而不會被任何重力場影響。

我想說的是，現在，我的確與政府一起工作，但不是爲政府工作。我與人民一起工作，而不是爲人民工作。因爲同時，我也在國際間與開放創新的開源社區中與社群一起工作。在擔任臺灣數位政委的同時，我在國際非政府組織和社會創新組織中，也做了七份不同的、不支薪的兼職。所以這意味著，我的主要貢獻，不是自己由上而下的任何創新，而是將國外的創新連接到臺灣。

例如，平方投票法（quadratic voting）並不是起源於臺灣。它起源於以太坊（Ethereum）。以太坊就像一個虛擬國家，他們正在嘗試新的民主和治理技術，一旦他們想出了什麼，我就可以在臺灣試試看，因爲我同時也參與以太坊社群中。幾年前，我跟臺灣的蔡總統建議說：「我們可以在總統杯黑客松當中，試試看這個以太坊發明的新投票方法。」

就像在實驗室進行實驗一樣，如果這些創新在臺灣行得通，這樣的創新當然很棒。但如果行不通，也不用閃躲。不論是行得通或行不通，我們都把整個過程和結果公開出來，發表在公開的預印本期刊上，讓遇到同樣問題的人，能夠參考並繼續尋求創新之道。在這樣的過程中，沒有人需要跟臺灣簽署任何條約或簽署任何MOU（Memorandum of understanding，備忘錄）。所以這是我喜歡的，開放的工作方式。

★在疫情期間，您與其他政府官員合作時，是否曾遇到困難？您是如何解決這些問題的？

這是個好問題。開放式創新最重要的特點是：眾人之事，眾人助之。而來自每個人、每個政府部會的助力，會因爲每個人所在的位置不同，協助的重點也會有所不同。

之前臺灣疫情期間，大家到藥局排隊購買口罩的這件事，就有不同的歷程。剛開始，藥師協會和衛福部食藥署進行了一個創新的做法，讓民眾在排隊時，先領取一個排隊的號碼牌，然後把健保卡交給藥師，就可以先離開。等到下午，藥師把口罩都包裝好，並且刷過健保卡之後，民眾就可以回到藥局領取口罩。

但是，一些g0v的公民黑客說，我們應該更進一步，在口罩即時地圖ＡＰＰ上，把每個藥局的剩餘口罩存量視覺化，這樣民眾只要查一下ＡＰＰ，就可以直接去仍有庫存的藥局排隊。

但這兩個創新加在一起，卻發生了衝突，就像可口可樂與曼陀珠加在一起一樣，爆炸了！因爲，如果藥師在早上已經發完了號碼牌，但是在下午民眾領取口罩時，才一一更新口罩的庫存。那麼，在早上的時候，口罩地圖上看起來還有很多存貨，整個上午都會有人上門要買口罩，所以藥劑師必須不斷解釋：「我們已經賣完了，只是還沒有反應在地圖！」

顯然這件事眞的很困擾藥師。沒多久，在我住處附近有一家藥局，藥師用Ａ4紙做了一個非常大的告示說：「不要相信口罩ＡＰＰ！」每個字都寫在單獨一張Ａ4紙上面，連驚嘆號都是。所以，可見藥師有多生氣！

我也參與了口罩地圖的專案，看到那幾張巨大的A4紙，雖然覺得自己的自信心被打擊了，但是，我並沒有逃避這件事。因爲我不知道如何解決這個問題，我就買了一些提神飲料（人參之類的），推門進入藥局，買了幾瓶飲料示好，並且跟藥師道歉。我問他說：「那如果你是數位政委，你會怎麼做呢？」

藥師說：「現在狀況眞的很糟！不過，既然你那麼有誠意地問了，我就來想想看怎麼改善。」

過了一天，我再去看的時候，那些A4紙就不見了。藥師說：「哦，我們想出了一些辦法。」他帶我看電腦上的庫存數字，說：「你看，我們可以在發出最後一張號碼牌的時候，直接在口罩進貨量塡入『−1000片』口罩。因爲系統不知該如何處理負庫存，所以我的藥局會就會直接從口罩地圖上消失，這樣問題就解決了。」他說：「好吧，我知道這是一個駭客手法，但請不要讓疫情指揮官陳時中部長知道。」

無論如何，聽了他們的心聲，也了解這個駭客手法後，我又回到衛福部說：「我們就在系統上做一個按鈕，這樣，任何時候，當有藥局發完了口罩，只要點擊那個按鈕，就會從地圖上消失。」一個星期後，這個願望就實現了。

我說得這麼詳細，是因爲當時面對藥師的困境，我是眞的不知道要怎麼解決。因爲我不是藥師，不是在第一線工作。

如果我們不賦予最接近痛苦的人解決問題的權力，那麼，其實沒有辦法讓他們擺脫痛苦，因爲我們無法眞正理解細節。造訪現場，道歉，然後開口問：「我不知道該怎麼做，請讓我知道該怎麼做。」這樣，就可以讓整個有能力解決問題的社群參與進來。

我後來知道，那位藥師屬於一個叫做「年輕藥劑師協會」的社群。在我造訪的那天晚上，他們應該是花了整晚的時間在討論解方，集思廣益，最後找到了可行的做法。所以，遇到任何問題時，盡量讓集體智慧參與進來，不要自以爲是，開口問問，然後把聽到的更好的想法，擴大出去。

★如果除了選舉之外，政府並沒有創立一個平臺，讓人民可以參與公共事務，那麼，誰可以提供這樣的機會讓人民參與公共事務呢？

有些事情肯定是政府應該做的，例如、電力、通訊、健保、教育等，但如果有人嘗試用自己的方式，提供這些類似政府的服務，通常最後也會獲得大家的認同。

例如，臺灣曾經在一九九九年遭遇過921大地震（芮氏規模爲7.3），當時，最快回應當地緊急救災及重建需求的，除了政府，還有宗教團體如佛教的慈濟，或是基督教或天主教的教會。這些都不是政府機構，他們是除了政府及企業的第三部門（社會部門）。這些宗教團體平常不一定很常聯繫，但是因爲發生重大災難，大家就一起同心協力救災。

甚至，這一次臺灣疫苗短缺，臺灣民間聯手採購BNT疫苗捐贈給政府，其中慈濟也占了三分之一，所以，即使是社會部門，他們幾乎也已經取得類似政府的公信力。

政府在某些方面也許無法做得很好，因此總會有其他人嘗試做點什麼，讓現況好轉。有些發動社會創新的人，也許會提議建立一個可以持久的架構，能生根於現有的社會或社區之中，這樣，久而久之，這些新生的存在，便成爲不能被忽略的現實，其他地方的人可能就會參照這樣的做法。

例如，如果談到要如何省力而安心地注射疫苗，臺灣的地方政府看到電視上有報導日本宇美町做法，就是讓長者集中到體育館，排排坐在椅子上，而由醫護在行列中穿梭，完成注射。像這樣的社會創新，很快就從日本流傳到臺灣，變成大家參考的新做法。這樣，其實臺灣政府就無法忽略，而必須在注射疫苗時，加入這個創新。

所以，有些社會創新的確可以形成自己的影響力，變成新的常規。那麼政府就無法忽視你的存在，而必須參與這樣的創新，這就是臺灣的公民黑客g0v過去幾年的做法。他們不斷向政府展現解決問題更好的做法，最後，政府或學術界可能就採用了這些新的做法，或變成某些專案的KPI。最後，這樣的社會創新，就成功地駭入政府的系統之中。

★AI如何促進人與人之間更多元的交流？

這是個很棒的問題。

我相信同在（co-prensent）的力量。人們在網路或實體空間面對面，是唯一可以建立同理心的方式，這是爲什麼我在口罩預約系統上線之前，必須實際到藥局現場，或是跟楊奶奶一起到超商的事務機去了解實際的情形，因爲這是無可取代的經驗。

5G的科技會把我們從辦公室釋放出來。即時、同步的網路能夠讓大家在第一時間分享各種感受，進行交流，

有一年我在巴黎參與氣候變遷的會議，與會者戴上VR（Virtual Reality）眼鏡，從虛擬實境中，身歷其境感受到氣候變遷造成的後果，雖然只有短短三分鐘，卻讓每個人深感震撼，這樣的VR建立了共享實境（shared reality），而經過這樣刻意設計的情境，有時比面對面的溝通更能促進交流和同理心。

所以，以科技來說，如果只是創造出一個人的VR，對於共同的問題，幫助可能就很有限。但如果是可以創造一群人同在的VR，就大有幫助。所以，到底要如何運用VR，要看設計師的巧思，以及政府的政策。

★是否應該強制要求網路使用者具備「數位素養」？（就像司機需要獲得駕駛執照一樣）

這樣做的重點，應該是爲了不要在網路上傷害別人，對吧？

我確實認爲，在基礎教育和終身教育中，需要具備數位知識和素養。但是，我認爲這樣還不夠。我相信具備素養是爲了培養能力。素養是關於理解和欣賞的能力，但能力是創作、共同產出新事物的能力，是關於創客（maker）的教育。

因爲網際網路不是一成不變的東西，當人們使用網際網路時，實際上是在使用特定的應用程式和協定。但網際網路非常巨大，總是有人會發展出新的協定，對嗎？有Napster協定，之後產生了BitTorrent協定，在某種程度上創造出比特幣協定，以及以太坊協定等等。

而這並不是那些在九〇年代才學會上網的人，能夠自在地參與的世界。所以，當這麼多新興程式應用被發明出來的時候，要在這個新世界自在生存的唯一方法，就是成爲一個共創者，對網路做出貢獻。

例如，我們可以產出資料，爲全球氣候做出貢獻，或者自己親自查核，爲事實核查做出貢獻。只有像這樣，在網際網路上做出了有意義的貢獻，我才能說，我不只是掛在網路上，而且我運用網路做出了特別的事。所以，上網不是唯一的目的，上網是爲了要創造出新事物。

所以，對於網路用戶，我們也需要提出同樣的問題。如果有人說，我是一個很有素養的網路用戶，那麼接下來的提問就會是：你想通過網路來連接什麼？你爲了什麼目標而努力？

我確實相信數位素養很重要。我也相信在學校教育中，一旦有人學會了數位素養，下一步就可以把這個人，引導到一個他們可以對網路做出實際貢獻的地方。

這些「貢獻」有可能只是一件小事，例如在維基百科上修正錯別字，或是在開放的街道地圖上，標示出他們的鄰居。網路上有千百種這樣的小事可以做，這樣可以讓大家意識到，網路和數位世界是用來連結人們的。網路不僅僅是連接人與機器，也不僅僅是連接機器與機器，網路不只是一個你應用的工具，而是一個能把新的想法、價值觀和興趣串聯在一起的地方。如果這種從素養出發的世界觀，成爲教育的一部分，那麼，我完全支持這樣的素養教育。

我在日本數位廳發布的新聞中讀到，因爲「數位素養」這個字有太多的音節，現在被簡稱爲「數位道」。我認爲這是一個很棒的社會創新，我也會在我未來的溝通中使用這個字。這個字說明了，每個人在數位世界中，不僅僅是學會用網路而已，還需要學習在數位世界中存在的智慧。

★政府應該如何保證他們使用的技術不會侵犯人們的隱私？（例如：身分證／號碼，追蹤人們足跡的APP，監視攝影機等）

如果一個建築師，要建造一個防火的建築，需要首先了解有哪些防火材料可以使用，這樣就不會讓居住其中的居民遭受火災的威脅。設計系統的設計師也是如此，必須了解每一個系統中所用到的零組件是否安全，否則就會因為疏忽而犯錯，無意間侵犯了別人的隱私。

但這只是最基本的要求。即使設計系統的人知道如何確保安全，使用系統的人卻不一定能有同樣的專業知識，而外部的第三方（如供應商或圖書館）也不一定能得到用戶的信任。所有這些環節組合起來，全盤考量，才能讓科技變得可靠。

所以，從公民的角度來看，如果能建立相互問責的機制，這樣如果用戶想要查核自己手機中任何特定的零組件是否安全，例如，想知道自己的手機的藍芽是否安全，那麼臺灣的三大電信商應該要提供可以查詢的管道，或有專人可以提供解答。這也是非常重要的機制。

此外，當設計師想要重新混合不同的系統，用在不是原來預計要應用的目的。例如，一個原來用藍芽在偵測社交距離的APP，如果有人也希望用來當作QR code的二維碼掃描器，那麼所有的技術環節應該要重新檢查，並且能夠有公開的機制，讓懂技術的用戶可以去檢查，在這樣改變應用的過程中，究竟做了哪些技術上的權衡。

而沒有技術能力的用戶，可以找到你任何一個擁有 GitHub 帳戶的朋友，直接在社群中提問。如果他們眞的發現異常，那麼，就可以在 twitter 上標記我，或者加入 g0v 的 slack 頻道，進行更多的討論。

因此，這是一個持續的過程。開發者不能只是說，哦，如果你按照設計者的初衷使用它，就不會損害你的隱私。應該要說，如果你有跟我們想像中不一樣的新應用，可以造訪某處確認，以確保我們原來的設計不會侵犯你的隱私。當然，要展現這樣積極的態度，十分耗時，但我相信這件事對於建立相互信任，非常重要。

★中國已經被視爲是數位極權國家，我們需要預防科技被濫用的新規則嗎？

我相信一般的人工智慧或技術不會傷害人，是人會透過技術傷害其他人。在開放創新的模式下，我們如果碰到濫用技術的專制政府，其實能做的很有限，因爲即使他們沒有得到許可，只要看到程式碼，他們還是可以運用在自己想用的地方。

人臉識別就是一個很好的例子。即使用法規限定，人臉識別只能由我和我的個人設備使用，但是，知道原理的人就可以進行逆向工程，寫出程式，並在集中營或其他的地方使用。

所以，我相信新聞媒體的工作，就是讓這個世界知道，目前有人正在做一些違規的事，這就是監督專制者的力量。

在一九八〇年代，臺灣那時還是一個專制的地方。我們的政府有很多侵犯人權的行爲，但我們不是在學校知道這些事，而是從位在香港的國際媒體報導知道的。當然，這些香港的國際媒體跟他們的記者現在搬到臺北了。那個時代的國際媒體一直監督著臺灣威權濫用的情況。後來，隨著臺灣步入民主化、逐步棲身在民主陣營中，我也接觸到電子前鋒基金會（Electronic Frontier Foundation）這些非營利組織，關注網路上的人權問題。

所以，我的觀點是，只要確保整個科技界了解到科技的確有被濫用，並且認知到，雖然我們無法預防我們的工作成果被濫用，但我們可以選擇在不濫用科技的團隊中工作。

如果科技專家能謹守這些規範和界線，並拒絕在跨越界線的創新團隊中工作。那麼我們就可以致力於研發新的技術，幫助被壓迫的人們，度過他們現在身處數位獨裁主義所面臨的困境。

★您如何看待所謂的「數位集權主義」？我們的民主社會將走向何方？

無論社會中有什麼常規，數位科技都會放大這樣的價值。透過數位科技可以創造便利的工具，方便人們回應這些社會常規，因爲這些工具提供人們即時的滿足感（instant gratification）。

因爲身處數位民主的環境，所以，我在臺灣的工作，主要是以「親社會」（pro-social）的情境，透過科技工具，實踐由團體參與、討論和定案的決策。這就是數位民主與數位科技的連結。

但可以想像，一個專制政權也可以在某些事情上（例如舉報你的鄰居違規），運用數位科技，讓人們非常容易應用，並且有滿足感。

因此，同樣以科技提供「即時滿足」的原則，適用在兩個完全不同的社會裡，一個是更爲親社會的，更爲自由的；而另一個是更爲反社會的，專制的，目的是在公民之間引發「不信任」。這實際上是數位極權主義的設定，極權主義永遠在削弱公民社會團體之間的信任，因爲這樣就沒有夠大的公民社會團體，來挑戰政府的權威。

但是，在臺灣，有些社會部門（例如慈濟），正如我先前提到的，他們有時候在某些狀況下，可以比政府獲得更多人的信任。或者說，在測量空氣品質時，有些公民團體測出來的PM2.5數字，比政府的測站做得更好。這時候，政府會尊重來自公民的社會創新說，好，既然我做得沒有你好，我就加入你們，給你更多的權力和預算，讓你把事情做得更好。這就是民主。

我相信，現在世界上的數位民主和數位極權，處於完全不同的兩條軸線上，其中一端若有進展，就會被視爲是另一端的威脅。在短期內，這兩端不會有交集。

回溯到八〇年代時，臺灣追求民主的人們，透過閱讀民主思想的著作，參與讀書會等方式，最終促成了臺灣的民主化和新政黨的形成，這些要感謝當時的國際支援和國際輿論。所以我相信，如果能確保數位民主的社會運作良好，像臺灣過去從威權邁向民主的經驗，也有可能在獨裁政權的地區出現。

★作爲數位政委，您最主要的長期成就是什麼？

好問題！我認爲用小寫的minister（意指牧師）來形容我的工作，說不定更合適（笑）。因爲我不發號施令，我也不接受命令。我大部分時間是在傳（數位）教，我主要是在思考問題，有時聽聽大家的告解（confessions），有時我會寫詩或唱歌。我不會告訴政府部門該怎麼做，我只是說：嘿，似乎有一些東西在民間運作得很好，你想試試這種模式嗎？或者反過來跟民間說：嘿，政府剛剛發布了一些API，你是否想試試。這基本上就是我所做的一切。

所以，我的長期成就，可能不是發明了什麼系統，因爲這些通常是由政府裡的工程師和民間的工程師共同創造的。但我示範了一種新的、由各方得以共創的空間，在這裡即使管理者不發出任何單一的命令，或接受任何單一的命令，也能成事。這個空間叫做公共數位創新空間（PDIS），這個空間其實就像是我的辦公室。

甚至在某些情況下，這樣的共創空間能夠發揮的效益，比一個擁有最終決定權力的部長更好。一旦有人看到了這樣由「共創空間」而產生的領導力，在現實世界中行得通，甚至運作得更好，那麼，所有政府的部門都可以試試看。也就是說，任何人只要以同樣的方式、實踐同樣的過程，來「對齊價值」（alignment consultation）和「給出交代」（accountability），就可以成爲政府。

我們可以稱這是一個具有「重疊管轄權」的治理實體。運用這種共同治理的工具，我們已經看到，在臺灣的g0v，他們完全有能力處理政府沒有辦法監管的新興問題。

所以，一旦這些社群，像PTT一樣，率先想出了反擊假訊息的做法，率先制定了一個可以改善現狀的協議，政府的唯一選擇，就是加大這個規範新的規模，讓Facebook和YouTube和Twitter以及其他的社交媒體加入。

這就改變了人們對政府的看法。因爲以前政府就像《大英百科全書》，有一個由精英編輯組成的專業團隊，校對所有的資料，然後出版。但我想建議的是一個由政府與民間共同參與的「敏捷治理」的做法，就像維基百科。

在維基百科，有人會先發布一個解讀名詞的文章，然後社群中的人們開始加入編輯。所以，群募衆包（crowdfunding crowdsourcing crowd）社群已經證明，這種非常大量且耗時的工作，可以在沒有任何人發出命令或接受命令的情況下完成。維基百科就是見證。

但我相信我透過PDIS與人們一起協作的口罩地圖、疫苗接種登記、一九二二簡訊實聯制，以及現在的五倍券，也都驗證了這些事情不是只能仰賴政府獨力完成。所以我在政府裡擔任的角色。比較是引發思考和創新，而不是親力親爲的完成某件特定的任務。

★我們如何防止SNS（Social Network System，社交網路服務）上的這種部落化的心（生）態？

部落化的心態是人性，所以不會消失。但另一方面，有些社交媒體，會出現負面的資訊，特別是出於憤怒的那些資訊，很快就會轉變成爲對某些人的歧視，或是號召報復的行動。

通常，人們會不自覺地根據他們在社交媒體的貼文獲得多少「讚」，來評價自己的影響力。

如果有人同時發布理性的貼文，和義憤填膺的貼文，通常，憤怒的貼文會獲得更多讚，因爲人們想支持你。但這意味著人們很快就會形成一個部落，一個群體，然後未來這些貼文演化而來的復仇和歧視，會變成一種常態。

我當初啓動「以幽默戰勝謠言」的整個想法，是要找到比憤怒更具有傳播力的素材。也就是說，我不是以「憤怒」而是以「幽默」來吸引人的注意力。通常我並不會取笑別人，而是開自己的玩笑，這樣並沒有傷害到誰，但可以用這來邀請那些與我們不太一樣的人，成爲對話的一部分，獲得更多的讚。這就是我在網路上「擁抱小白」（hugging the troll）的技巧。所以這是我個人的做法，網路上也有幾篇關於擁抱小白的文章。有興趣的人可以上網搜尋一下。

我相信我們可以愼選要參與哪一種社交網路。例如，我們現在視訊使用的Webex，也算是一個社交網路，因爲我們可以邀請新人來這裡做客。如果有人想邀請某人參與，你可以直接開始對話，共用螢幕。因此，我們可以把這個同步視頻平臺視爲一個社交網路，把人們帶進來。

又因爲我們同時使用了slido提問，slido的問題都是由內部、我們認識的人提問的，所以很文明，沒有人會故意提很負面的問題，這些問題會透過簡單的投票機制，決定問題的順序。這時候，slido就像是一個延伸的ＳＮＳ。

我不認爲每個人都需要使用那些公共ＳＮＳ，的確，在友好的人群之間，ＳＮＳ是一個相當好的放大器。但一般人可以先從你實體的人際關係開始，把你已經認識的人，或者已經是你的同學、熟人連接在一起，只關注那些像Webex這樣的平臺。然後一旦你們已經在同一個虛擬空間裡，就可以試試slido，試試Polis，試試其他ＳＮＳ的一些服務，但只和那些已經彼此信任的人一起。這樣一來，將確保ＳＮＳ的親社會性，同時將我們實體的人際關係連結起來。

★您曾經說過：「我不是一個政治家（politician），而是一個詩治家（poetician）」，讓我印象深刻。我也相信藝術的力量，有哪些事情讓您想要實踐這件事呢？

我的靈感主要來自冰島的海盜黨（icelandic private party）的做法。冰島首都雷克雅維克的「Better Reykjavik」論壇邀請公民參與討論公共事務，參與論壇的政治人物可能是抱著很輕鬆的心情參加吧（笑），他們會舉辦派對，透過喜劇或幽默的方式，讓自己打扮成不同的樣子，以跟平常不同的樣貌出現。他們會唱詩歌，聆聽來自各方的意見，從不同年紀的公民那裡，收集到一些有建設性的想法。所以，在冰島那裡也有一些poetician（詩治家），展現了不同的治理模式。我也從二〇一一年全球發起的占領運動社群（Global Occupy Community）學習到很多，不過主要是從冰島得到靈感。

完整影片請看：

★整理｜翻譯：丘美珍

（本次講座是東京大學〈全球創新與領導力教育〉專案的一部分，名爲〈臺灣的民主與亞太國家〉，與臺灣國立政治大學國家科學、技術與人文中心合作舉辦）

版權聲明

タンさんと東京大学の学生との対話は、東京大学グローバルリーダー育成プログラムGLP-GEfIL（Global Education for Innovation and Leadership）と、台湾国立政治大学科技与人文価値研究中心が共同企画した夏季プログラム「Taiwan's Democracy and Asia-Pacific Countries」の講義の一環で、本稿はその抜粋版です。

Hermes 21

我的99個私抽屜

唐鳳的AI時代生存心法

何もない空間が価値を生む：AI時代の哲学

口述　唐鳳
執筆　丘美珍
責任編輯　江灝
封面設計　簡廷昇
內文排版　李秀菊

出版　英屬蓋曼群島商網路與書股份有限公司臺灣分公司
發行　大塊文化出版股份有限公司
臺北市105022南京東路四段25號11樓
www.locuspublishing.com
TEL: (02)8712-3898　FAX: (02)8712-3897
讀者服務專線：0800-006689
郵撥帳號：18955675　戶名：大塊文化出版股份有限公司
法律顧問：董安丹律師、顧慕堯律師

總經銷　大和書報圖書股份有限公司
新北市24890新莊區五工五路2號
TEL: (02)8990-2588　FAX: (02)2290-1658
製版　中原造像股份有限公司

初版一刷：2023年3月
定價：新臺幣370元
ISBN：978-626-7063-30-9

Printed in Taiwan

國家圖書館出版品預行編目（CIP）資料

我的99個私抽屜：唐鳳的AI時代生存心法／唐鳳口述；丘美珍執筆. -- 初版. -- 臺北市：英屬蓋曼群島商網路與書股份有限公司臺灣分公司出版：大塊文化出版股份有限公司發行, 2023.03
面； 公分. --（Hermes ; 21）

譯自：何もない空間が価値を生む：AI時代の哲学
ISBN 978-626-7063-30-9（平裝）

1. CST : 人生哲學 2. CST : 成功法 3. CST : 資訊社會

191.9 112000115